한 권으로 끝내는
퍼실리테이션 테크닉

직접 쓰면서 익히는 퍼실리테이터 스킬 워크북

멜리사 알다나 · 뱅상 드로메르 · 티보 강글로프 · 조프레 기요샹 · 요안 르메니 지음 | 박민정 옮김

한 권으로 끝내는

퍼실리테이션 테크닉

직접 쓰면서 익히는 퍼실리테이터 스킬 워크북

유엑스리뷰

(이 책을 양도하는 경우)

누군가는 이 책을 사적인 물건이라고 생각할지도 모르지만,

나는 이 책의 가치를 매우 높이 사는 사람으로서 이 책을

________________에게 넘겨줄 수 있어 기쁘다.

아주 유용하게 활용할 것이라고 믿어 의심치 않는다.

이 소중한 책의 행복한 주인은

____________________________입니다.

뭐라고요?! 우연히 이 책을 발견했다고요?

책 주인에게 매우 중요한 물건이니 아래 이메일 주소로 연락 부탁드립니다.

____________________@____________________

감사의 마음을 담아 책 주인이 __________________________(으)로 사례하겠습니다.

들어가며

여러분은 두 손에 이 책을 들고서 퍼실리테이션의 세계를 탐험하기로, 즉 조직의 여정에 동행하며 공동의 목표를 이룰 수 있도록 돕기로 마음먹었다. 페이지를 한 장 한 장 넘기며 여러분이 가지고 있는 가장 아름다운 펜 혹은 가장 좋아하는 볼펜으로 메모를 남기게 될 이 책을 통해 집단 지성이 발현될 더 나은 순간들을 만들겠다는 결심을 한 셈이다.

누군가에게 이 책은 새로운 발견일 테고, 다른 누군가에게는 도전이자 실무에서 한 단계 발전할 수 있도록 도와줄 수단일 것이다. 조직이 도전 과제를 받아들이고, 주변 환경에 영향을 주고, 환경을 꾸준히 변화시킬 수 있다는 공통된 믿음이 우리를 이어 주고 있다. 단도직입적으로 이야기하면 퍼실리테이션은 아무런 준비 없이 즉흥적으로 해낼 수 있는 것이 아니다. 퍼실리테이션은 매 순간 엄격함을 요하고, 계속해서 질문을 던진다. 집단 지성을 이끌어 내기에 좋은 틀은 어떻게 만드는가? 개인 간의 진정한 상호 신뢰를 구축하기에 적합한 환경은 어떻게 조성하는가? 어떻게 하면 심도 있는 논의를 거쳐 집단 전체가 수용할 만한 결정을 도출할 수 있는가?

우리는 여러분의 퍼실리테이션 동반자로서, 퍼실리테이터의 역할을 수행할 때 도움이 될 핵심 개념과 실용적인 도구를 탐색해 볼 것을 제안한다. 이 책은 그 시작점을 제시하고, 우리가 여러분과 같은 입장이었을 때 알았더라면 좋았을 다양한 정보를 제공한다. 하지만 이 책이 퍼실리테이션에 관한 모든 지식을 알려 준다고 보장하거나 퍼실리테이터가 될 수 있는 유일한 방법을 제공하는 건 아니다. 만약 그런 약속을 한다면 거짓말일 것이다. 우리는 퍼실리테이션을 탐구하는 데는 여러 갈래의 길이 있다고 생각한다. 바로 여러분을 초대하고자 하는 이 여행처럼 말이다.

우리는 여러분이 보고 따라올 수 있는 이정표를 세워 두고, 예상 소요 시간도 재어 보고, 건설적이면서도 즐거운 여행을 선사하기 위해 필요한 장비를 준비했다. 이 책은 여러분이 앞으로의 여행에서 따라가야 할 길을 안내해 줄 것이다. 여러분이 의지할 지표이자 가이드인 셈이다. 깨끗하게 다뤄야 하는 책이 아니라 살아 숨 쉬는 매개체로 여겨 주길 바란다.

이 책에 질문과 의심 그리고 여러분이 탐험하면서 얻은 성과를 털어놓아라. 주저 말고 선을 긋고, 귀퉁이를 접고, 자르고, 휘갈겨 쓰고, 스테이플러로 철하라. 마지막으로 한 가지 더. 여행을 준비하는 과정에서 여러분 앞에는 여러 관점이 담긴 선택지가 있다.

여러분은

•퍼실리테이션에 대한 개념을 마음 가는 대로, 되는대로 조금씩 익힐 수 있다.

•작은 것 하나 놓치지 않으면서 1장부터 6장까지 모두 탐구할 수 있다.

•우리가 설계한 여정 중 자신의 필요에 가장 부합하는 코스를 탐험할 수 있다.

이로써 모든 설명을 마쳤다. 매 페이지를 만들며 우리가 느꼈던 기쁨이 여러분에게도 고스란히 전해지기를 바란다.

자, 퍼실리테이션의 세계로 떠날 준비가 되었는가?

먼저 워크숍이나 회의 등 여러 사람과 함께 논의할 때 다시는 겪고 싶지 않은 일을 적어 보라. 자신의 경험을 돌이켜 봤을 때 바꾸고 싶다는 생각이 들 정도로 기억에 남았던 것은 무엇인가?

퍼실리테이션이란?

퍼실리테이션(facilitation)

1. 어떤 일을 하기 쉽게 만드는 행동
2. 책임자로서 한 집단이 결과를 도출하도록 돕는 것을 목표로 하는 절차
3. 조직에서 결정적인 권력이 없는 한 명 또는 그 이상의 중립적인 사람들을 주축으로 움직이는 역동적인 기능의 총체. 이러한 기능은 집단이 목표를 달성하도록 돕는 만남이 성사되기 이전에, 성사되는 동안에, 혹은 그 이후에 작용하며 이를 통해 해당 집단은 현실적이고 일관적이면서 유망한 해법을 고안한다.
4. 집단이 목표를 달성하고 전반적으로 유망하면서도 일관성 있는 결과를 내기 위해 최대한 집단 지성에 의존하면서 회의 전, 회의 중, 혹은 회의 후에 여러 가지 수단(틀, 도구, 지위)을 동원하는 행위. 집단에 따라 결과가 좌우되기 때문에 퍼실리테이터는 어떤 경우에도 특정한 결과에 대해 약속하지 않는다.
5. 국제퍼실리테이터협회(IAF, International Association of Facilitators)는 퍼실리테이션과 퍼실리테이터의 능력에 대해 다음과 같은 비전을 공유한다.
   - 회의의 취지를 분명히 하고 사전에 행사를 디자인하는 **건축가**
   - 틀을 세우고 집단의 역학 관계를 이끄는 **조종사**
   - 집단이 나아갈 방향과 목표에 초점을 맞추고, 신뢰를 바탕으로 창의성을 도모하는 **가이드**

MINI QUIZ ①

종교나 정치 이념을 막론하고, 모든 현자가 하늘과 땅 사이에 있다고
입을 모아 말하는 것은 무엇일까?

같은 출발선에서 시작하기

함께 길을 떠나기 전에 핵심 주제, 즉 퍼실리테이션을 제대로 이해했는가를 확인해 볼 필요가 있다. (앞서 소개한 정의를 참고하면서 깊이 이해해 보자!) 간단히 하기 위해 '두 명 혹은 그보다 많은 수의 사람이 주어진 문제에 답을 내기 위한 목적으로 상호 작용을 할 때'에 한해서만 퍼실리테이션이라는 용어를 사용하겠다. 목표나 다뤄지는 문제는 대체로 특별히 어렵지 않으며, 외부의 도움이 필요하지 않은 수준이지만 의견 교환을 원활히 하고 목표 달성을 돕기 위해 개입이 필요한 순간도 있을 것이다. 간혹 집단 규모가 크거나 문제가 까다로울 때는 겸손하면서도 체계적이고 구조적인 접근법으로 개입해야 목표를 달성할 수 있다. 포괄적인 정의보다 구체적인 예시를 드는 게 더 나을 테니 다섯 가지 단계로 도식화한 퍼실리테이션을 살펴보자.

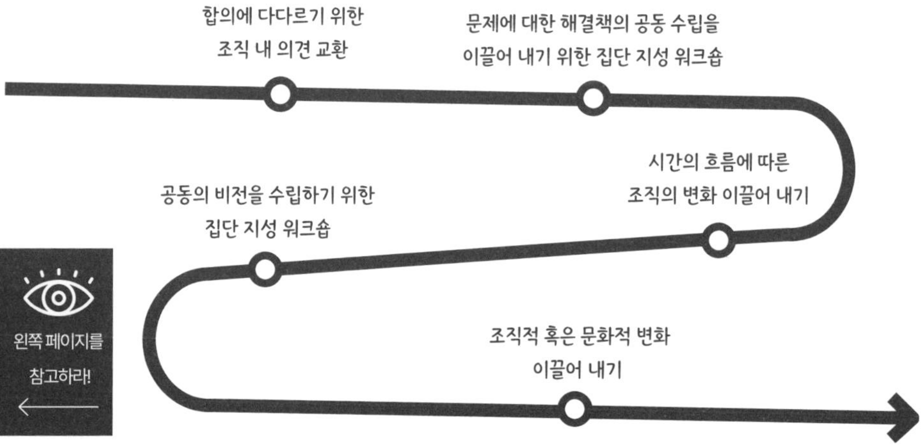

왼쪽 페이지를 참고하라!

퍼실리테이터는 호기심, 실용주의적 관점, 지혜 그리고 겸손을 바탕으로 자신의 맡은 바를 수행함으로써 팀 전체와 팀원 개개인이 점점 더 어려운 문제를 해결할 수 있도록 만드는 놀라운 힘을 발휘한다.

이 책은 곧 퍼실리테이션에 대한 우리의 비전이다. 여러분이 설령 이 의견에 100퍼센트 동의하지 않더라도 효과적인 퍼실리테이션을 향한 앞으로의 여정을 우리와 함께하는 데는 아무런 지장도 없을 것이다. 다만 다음 선언문을 공유하며 이러한 접근법이 무엇을 의미하고, 어떤 것을 제공하는가에 대한 우리의 생각을 분명히 전할 필요는 있을 듯싶다.

퍼실리테이션 선언문

우리에게 퍼실리테이션이란,

- 모두가 시도해 볼 수 있는 접근법이다. 하지만 그렇다고 해서 누구나 퍼실리테이터가 될 수 있다는 뜻은 아니다.
- 일의 경계를 넘어 개인적인 삶에도 이로운 마음가짐이다.
- 남녀를 막론하고 다양하게 구성된 조직의 집단 지성이 성공을 좌우하는 접근법이다.
- 겉으로 드러난 요구 사항이나 매력적인 목표가 어디에서 비롯되었는지를 파악하는 훈련이다.
- 재밌는 도구를 연달아 사용하는 행위로 축약될 수 없는 완전한 경험이다.
- 도전하는 자세와 매우 겸손한 태도로 일상에서 배워 나가야 하는 까다로운 훈련이다.
- 여러 사람이 함께하는 퀄리티 높은 모임을 최대한 원활히 이끌어 나가기 위해 자신을 먼저 알아야 하는 훈련이다.
- 계속해서 탐험해야 할 세계다. 인간의 복잡성 그 자체에는 한계가 없기 때문이다.

MINI QUIZ ①의 정답

정답은 '~과'이다.
이 책은 수많은 정보를 제공할 테지만
도움이 될 만한 정보를 정리하고 선별하는 것은 여러분의 몫이다. :)

이 책의 약속

이 책은 여러분이 회의나 워크숍을 역동적으로 운영해 나가는 데 필요한 역량과 지식의 개발을 돕기 위해 만들어졌다. 또, 퍼실리테이터뿐만 아니라 퍼실리테이션 스킬을 익혀 원활한 소통에 활용하려 하거나 조직 내에 퍼실리테이션의 개념을 널리 알리고자 하는 모든 사람을 위해서 만들어졌다. 여러분이 단순히 책에서 다루어지는 개념과 도구를 읽는 데 그치지 않고 한 차원 더 깊이 있는 수준으로 이해해 보았으면 한다.

이 책을 단순히 읽는 것만으로는 퍼실리테이터가 되기에 충분하지 않다! 어떤 페이지는 정답을 알려 주지 않고 오히려 혼자 더 나아가 보라는 듯 질문을 던져 좌절감을 느끼게 할지도 모른다. 그러나 우리는 여러분이 본인만의 답을 찾는 게 중요하다고 생각한다. 게다가 그 답이란 시간에 따라 변하기 마련이라, 정답으로 규정된 대답을 온갖 역경을 무릅쓰면서 변호하기보다는 스스로에게 질문을 던져 보는 편이 더 유익하다.

우리는 이 책으로 여러분에게 문을 열어 주고, 몇몇 비결을 공유하고, 특히 한발 더 나아가 깊이 파고드는 맛을 알려 주겠다고 약속한다. 우리의 목표는 여러분을 움직이게 만드는 것이다. 이 책의 주인공은 여러분이다. 우리는 여러분이 행동에 나서기를 바란다!

동의한다면 이곳에 서명하라. ....

효과적인 퍼실리테이션을 향한 여행

자, 이륙할 준비가 되었는가? 여러분의 충실한 가이드들을 소개하겠다.

멜리사 알다나. 고난과 역경 속에서 경험하는 문화적인 측면, 현지에서 조달한 가죽으로 만든 가방을 등에 메고 떠나는 여행에 열광한다! 여로에서 마주치는 사람들의 일상에 완전히 녹아드는 기회를 절대 놓치지 않는다.

조프레 기요샹. 그에게 여행이란 속도를 늦추고 삶을 누릴 기회이다! 무조건 해먹을 매달 수 있는 곳이 있어야 한다…… 무엇 하러 모든 것을 보려고 하는가? 그건 불가능한 일이다. 여유를 누려 보자.

티보 강글로프. 캡모자를 머리에 조여 매고 자신을 둘러싼 풍요로움을 관망한다. 탐험을 갈망해 늘 인간과 자연을 배우고자 한다. 어떻게 여행하는가는 여행 그 자체만큼이나 그에게 중요한 문제이다.

뱅상 드로메르. 여행 준비에 능숙하고, 여행 중에는 지도를 돌돌 말아 둔 채 본능에 따라 움직인다. 지도도 중요하지만 자신이 원하는 바를 따르는 게 더 중요하다! 늘 놀라움을 선사할 순간을 찾아다닌다.

요안 르메니. 그에게 여행이란 포착해야 할 순간이다. 하루를 즐기기 위해 새벽에 일어나 사람들의 마음을 움직일 수 있는 풍경을 기록한다. 우리는 각자 여행할 수도 있지만 공유할 수도 있다!

- 어떤 물건을 가지고 떠날 것인가?

____

____

____

- 자신을 몇 마디로 간단히 표현해 본다면?

____

____

____

자, 우리와 함께 길을 떠날 준비가 되었는가?
소매를 걷어라!
이제 여러분이 자기소개를 할 차례이다!

자, 본인 책 아닌가?
이 페이지를 나중에 다시 읽고 싶다면
주저 말고 귀퉁이를 접어라.

여행 코스 소개

이 여행에는 여러 가지 코스가 있다. 여러분은 한 코스를 선택하거나, 여러 코스를 한 번에 따라갈 수도 있다. 각 코스의 여정이 시작되면 여러분은 퍼실리테이터의 역할을 이해하고, 그 역할에 잘 스며들 수 있는 새로운 비결을 발견하게 될 것이다. 이 여행은 일상 속에서 매 순간 이루어진다.

1번 코스 - 일상 속 퍼실리테이팅

짜릿한 전율과 흥분을 즐기는 타입인가? 그렇다면 퍼실리테이션의 세계에 곧장 빠져 볼 수 있는 속도감 넘치는 여행을 추천한다.

2번 코스 - 모임 퍼실리테이팅 (강렬한 경험 보장!)

지도를 보고, 위치를 확인하고, 발생할 수 있는 모든 상황에 대비해 최적의 수단을 준비하는 걸 선호하는가? 아니면 그저 호기심에 퍼실리테이션에 대해 알아보고 싶어졌는가? 이유야 어떻든 함께 여행하며 핵심 개념을 익힌 뒤 행동으로 옮기는 시간을 가져 보라. 시간을 들여 후미진 구석까지 탐색하기도 하고 때로는 매우 빠르게 훑고 지나가기도 하며 배운 것을 확인하고 여행 내내 새롭게 발견한 것들을 가방에 담아 둘 수 있을 것이다.

3번 코스 - 시간을 두고 진행하는 참여 퍼실리테이팅

가장 긴 코스부터 혹은 가장 짧은 코스부터 시작하느냐는 그다지 중요하지 않다. 때로는 야생적이기도 한 퍼실리테이션의 영역을 탐험하는 데 따라야 하는 규칙은 없다. 여행이 만족스러워 같은 곳으로 여러 번 돌아간다고 해도 절대 싫증이 나지 않는다. 다음번 여행에서 다른 길을 선택한다면 또 새로운 발견을 할 수 있기 때문이다.

이 여행의 각 코스는 독립적으로 구성되어 있기 때문에 정해진 코스대로 가는 게 지루하다면 내키는 대로 여행하고, 필요하다고 생각되는 내용을 그때그때 취해 보자. 정해진 길에서 벗어나 단지 이 책을 색다른 순서로 읽는 것일 뿐이다. 어떤가?

4번 코스 - 문화적, 조직적 변화 퍼실리테이팅

새로움을 발견해야 하지만 여행하듯이 여유를 가질 수는 없다면 반드시 들러야 하는 포인트만을 둘러볼 수 있는 코스가 마련되어 있다.

1번 코스

일상 속 퍼실리테이팅

일상 속에서 의사소통을 할 때 사심 없이 중립적으로, 그러나 공감하며 행동하기

2번 코스

모임 퍼실리테이팅 (강렬한 경험 보장!)

적합한 방법, 도구, 태도로 모임(워크숍, 회의 등) 이끌기

3번 코스

시간을 두고 진행하는 참여 퍼실리테이팅

시간이 흐름에 따라 힘을 발휘하는 단체 시간과 개인 시간 관리하기

4번 코스

문화적, 조직적 변화 퍼실리테이팅

조직을 시스템화하기 위한 도구와 방법들

한 차원 더 높은 퍼실리테이팅을 위한 6단계

만약 여러분이 여행할 때 모든 것을 다 해 봐야 직성이 풀리는 스타일의 여행자라면, 여기 여러분의 역량을 높여 줄 6단계를 탐구해 보라.

I

주변 환경을 분석해 어디에, 어떻게 중점을 둘지 알아보기

다채로우면서도 복잡하고 시시각각 변하는 세상에 빠져 보라. 심도 높은 퍼실리테이팅은 조직, 팀 그리고 개인을 위해 해결해야 할 과제에 대해 스스로 질문을 던지도록 유도한다. 시스템 공학적인 접근법으로 자신을 둘러싼 환경을 바라보는 시각을 날카롭게 단련한다면 퍼실리테이터로서 개입해야 하는 의제에 좀 더 초점을 맞추고 자신의 역할이 지닌 가치를 최대로 끌어올릴 수 있을 것이다.

역기능 피라미드 혹은 터크만 모델을 바탕으로 집단 혹은 팀의 기능을 이해하면 조직 내 상호 작용을 파악해 최대한 활용할 수 있다. 물론 집단 지성은 적절한 해결책이지만 집단 지성이 발현되는 조건을 먼저 이해할 필요가 있다. 바로 이 부분이 여러분의 몫이다.

II

여러 각도에서 인간 탐구하기

우리의 일상을 풍요롭게 하는 존재인 인간을 탐구하라. 다양한 빛을 반사하는 미러볼이 따로 없다. 인간은 관찰하는 각도에 따라 자신의 복합성을 모두 드러낸다. 인간을 360도로 바라보는 관점을 발달시킨다면 회의를 하는 동안 일어나는 일들을 한층 더 수월하게 이해할 수 있다.

편향 메커니즘과 감정 메커니즘을 숙지하면 모두가 함께 같은 방향으로 나아갈 수 있는 틀을 형성하고 유지하는 데 도움이 된다. 내재 동기로 작용하는 성격 모델과 다중지능(Multiple Intelligence)은 각자가 자신의 위치를 찾고 조직을 위해 최선을 다할 수 있는 공간을 발달시키는 데 너무나도 중요한 실마리를 제공한다.

III

여행자와 가이드의 마음가짐 및 자세 갖추기

여행자의 마음가짐이 두드러지는 단계다. 여러분은 마치 첫 여행을 떠난 여행자처럼 발견에 대한 갈증과 호기심으로 질문을 던지고, 경청하고, 느끼고, 관찰하게 된다.

조직과의 관계에서 자신의 입장을 신체적으로 그리고 언어적으로 정립할 수 있는 길을 찾아라. 이러한 자세는 퍼실리테이팅 과정 내내 조직을 이끄는 데 반드시 필요하며, 너그럽고 참여를 이끌어 내는 분위기에서 심도 있고 건설적인 의견 교환을 촉진한다.

IV

효과적인 워크숍을 설계하고 퍼실리테이팅하기

드디어 모임을 설계하고 퍼실리테이팅을 할 때가 왔다! 회의를 준비하고 설계하기 위해 퍼실리테이팅 도구와 역량을 갖춰라. 조직을 최대한 활용하며 현실적이고 적합하면서도 아주 매력 있는 해결책을 제시할 수 있을 것이다. 좋은 질문을 하는 데 도움이 될 준비 캔버스와 퍼실리테이터의 자료는 모임의 틀을 잡고 준비하기 위한 수많은 도구와 조언을 제공한다. 다 같이 워크숍의 핵심 단계, 즉 통합과 발산, 발현, 수렴, 마무리 단계를 낱낱이 파헤쳐 보자. 고객 혹은 클라이언트의 기대와 목적에 부합하는 일관된 여정을 디자인하라.

V

검증된 방식을 통해 영감을 얻고 더욱 발전시키기

정보가 집약되어 있는 단계로, '바로 적용 가능한' 워크숍들 그리고 여러 참고 문헌에서 검증되고 인정받았으며 수많은 여행자가 시험했던 접근법을 공유한다. 곧장 적용할 수 있는 이 워크숍들의 장점이 뭐냐고? 만약 퍼실리테이션의 목적이 분명하고 워크숍이 그 취지에 완벽하게 부합한다면 그대로 진행하기만 하면 된다.

단, 목적에는 부합하지만 상대가 필요로 하지 않는 것을 끼워 넣으려고 한다면 오히려 함정에 빠질 수 있다. 또, 모든 워크숍에는 불확실한 면이 있다. 진행 방식을 맹신하면 예기치 못한 상황이 발생했을 때 정해진 프로세스를 벗어날 수도 있다. 워크숍이 시사하는 바, 의도, 단계 그리고 도구를 잘 이해하고 소화하는 시간을 가져라.

VI

퍼실리테이터로 성장하고 앞으로 나아가기

시간을 가져라. 그것이 마지막 단계의 목적이다. 여러분을 위해 마련된 단계다. 이제껏 걸어온 길을 돌아보라. 그동안 배운 것, 읽은 것, 아이디어뿐만 아니라 그다음에 하고자 하는 일들로 페이지를 가득 채워라. 훌륭한 퍼실리테이터는 끊임없이 실천하고, 배우고 또 나누는 사람이다.

여권 만들기

“신분증 확인하겠습니다!” 효과적인 퍼실리테이션을 향한 여행을 떠나기에 앞서 여권을 준비해 보자.

여행을 하는 동안 이 여권을 주머니에 소지하고 있어야 한다. 각 단계를 거칠 때마다 여권에 찍히게 될 도장이 여러분의 역량을 인증해 줄 것이다. 여행을 떠나기에 앞서 여권의 빈칸을 채워 보라.

여러분의 얼굴을 직접 그리거나 작은 사진을 붙여 보라 ;)

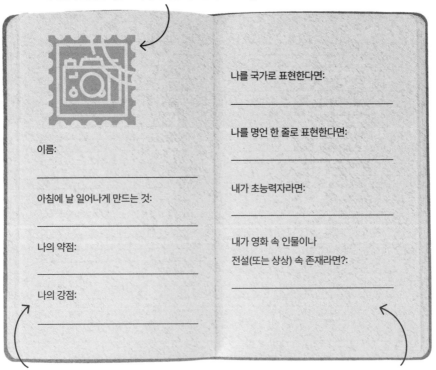

이름:

____

아침에 날 일어나게 만드는 것:

____

나의 약점:

____

나의 강점:

____

나를 국가로 표현한다면:

____

나를 명언 한 줄로 표현한다면:

____

내가 초능력자라면:

____

내가 영화 속 인물이나
전설(또는 상상) 속 존재라면?:

____

퍼실리테이션에서 강점과 약점은 종종 자신을 남들과 차별화하고 자신의 성격을 뚜렷하게 드러내는 역할을 한다.

진짜 당신이 쓴 게 맞다는 걸 확인하는 차원에서 여기에 지장을 찍어라.

기억 속에 새겨진 순간들

여행은 우리를 만들어 낸다. 여행이 끝날 때마다 인생의 페이지가 한 장씩 넘어가고, 우리는 또다시 새로운 여행길에 오른다. 프루스트의 마들렌처럼 어릴 적 기억을 떠올리게 만드는 것, 생각날 때마다 수많은 감정을 불러일으키는 순간을 이야기해 보라.

p.s. 마들렌 이야기가 나왔으니 말인데 아무래도 우리가 떠날 여행에는 에너지가 필요할 테니 여러분도 옆에 마들렌을 챙겨 두었기를 바란다! 프루스트의 마들렌이 아니어도 좋으니 먹을 것을 챙기고 비행기에 올라탈 준비를 하라!

MINI QUIZ ②

여기 잔 6개가 나란히 놓여 있다. 앞의 잔 3개는 가득 차 있고, 나머지 3개는 비어 있다.
어떻게 하면 잔 하나만을 움직여서 빈 잔과 채워진 잔이 번갈아 오도록 배치할 수 있을까?

"배움은 그 과정이 수동적일 때보다
능동적일 때 더 효과적이다."

- 쿠르트 레빈(Kurt Lewin)

INTRODUCTION
모험을 떠날 준비하기

여행은 우리 자신에 대해 알게 되는 만큼이나 우리를 둘러싼 세계를 새로이 발견할 기회를 제공하는 흔치 않은 모험이다. 이 책을 통해 여러분은 배우고자 하는 것들에 관해 숙고하고, 배움을 얻으려면 어떻게 해야 할지 깊이 성찰하게 될 것이다.

- 내가 배우고 싶은 10가지
- 여행 목적 헌장
- 블룸의 교육목표분류학과 순환 학습
- '언런(unlearn)'의 중요성

MINI QUIZ ②의 정답

두 번째 잔을 들어 내용물을 다섯 번째 잔에 따르고 다시 제자리에 놓으면 된다.

내가 배우고 싶은 10가지

곧장 본론에 들어가기에 앞서 여러분이 배우고자 하는 것이 무엇인지 분명히 해 보자. 이 페이지가 있는 이유이기도 하다. 이 책을 통해 배우고 싶고, 만약 배운다면 이 여행을 성공적이었다고 평가할 수 있을 것 같은 10가지를 적어 보라.

1. 이제 10가지 중에서 가장 덜 마음에 드는 2가지를 지워라.
2. 그리고 불가능해 보이는 3가지에 동그라미를 쳐라.
3. 그리고 가장 쉬워 보이는 3가지에 밑줄을 쳐라.
4. 마지막으로, 불가능해 보이는 것 중 1가지, 가장 쉬워 보이는 것 중 1가지를 선택해 그 두 가지를 달성하기 위해 해야 할 일을 생각해 보라.

- 학습하기 불가능해 보이는 것을 위해 할 일 :
- 학습하기 쉬운 것을 위해 할 일:

여행 각오 헌장

어떤 방식으로 배우고 싶은가? 무엇에서 동기를 부여받는가? 어떤 틀 안에서 배운 내용을 시험해 볼 것인가? 여기 여러분을 위한 공간을 마련해 놓았다. 빈칸에 여행의 목적, 동기 또 여행에 얼마만큼의 시간을 할애하고 싶은지 적어 보라.

블룸의 교육목표분류학과 순환 학습

블룸의 교육목표분류학(Bloom's Taxonomy)은 지식 습득의 단계를 분류한 학습 모형이다. 이 모형에 따르면 지식을 제대로 습득하기 위해서는 암기한 뒤 계속해서 그 지식을 가지고 놀고, 새로운 것을 만들고, 설계해야 한다.

비법은 없다. 퍼실리테이션 스킬과 퍼실리테이션의 개념, 관련 역량을 배우는 것 역시 마찬가지다. 이 책에는 핵심 개념에 대한 간단한 이론과 행동으로 옮겨 보라는 응원이 함께 담겨 있다. 이제 곧 첫 세 가지 단계가 여러분의 눈앞에 펼쳐질 것이다. 그다음 단계를 탐험해 볼지 말지는 온전히 여러분에게 달렸다!

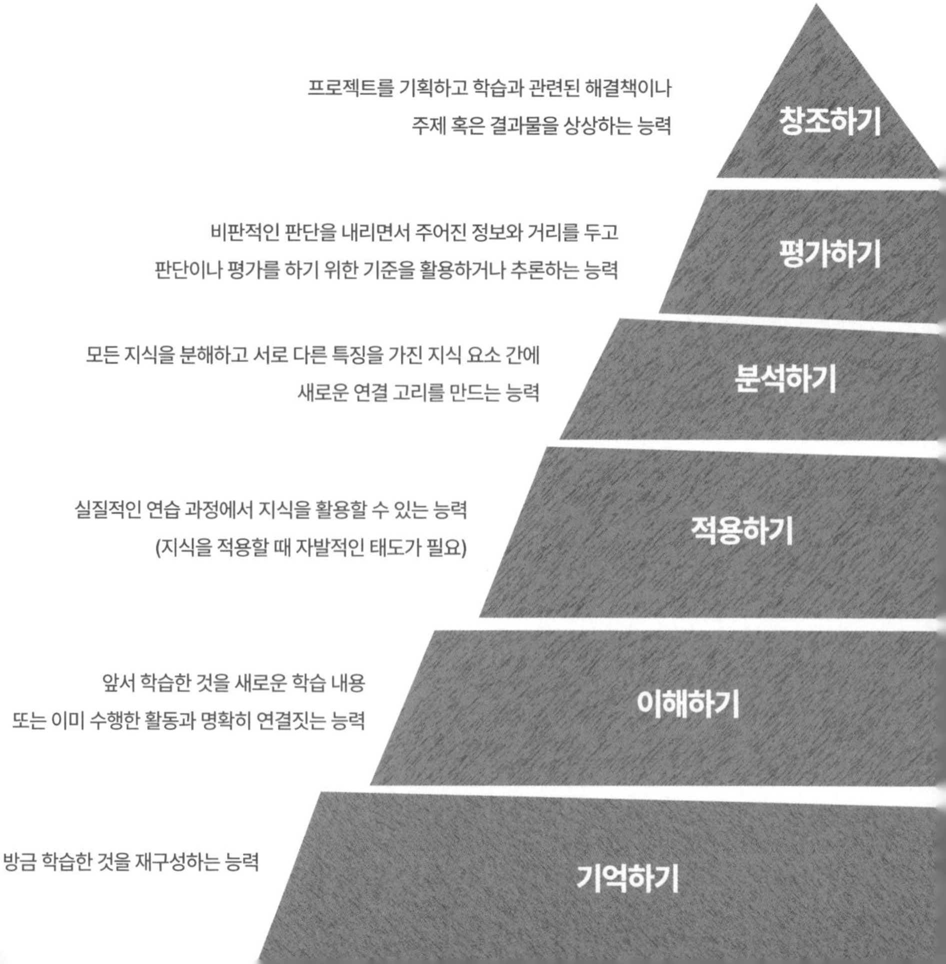
프로젝트를 기획하고 학습과 관련된 해결책이나
주제 혹은 결과물을 상상하는 능력
창조하기
비판적인 판단을 내리면서 주어진 정보와 거리를 두고
판단이나 평가를 하기 위한 기준을 활용하거나 추론하는 능력
평가하기
모든 지식을 분해하고 서로 다른 특징을 가진 지식 요소 간에
새로운 연결 고리를 만드는 능력
분석하기
실질적인 연습 과정에서 지식을 활용할 수 있는 능력
(지식을 적용할 때 자발적인 태도가 필요)
적용하기
앞서 학습한 것을 새로운 학습 내용
또는 이미 수행한 활동과 명확히 연결짓는 능력
이해하기
방금 학습한 것을 재구성하는 능력
기억하기

'언런(unlearn)'의 중요성

배운 것을 잊는 능력은 무언가를 배울 때 반드시 필요한 것인데도 불구하고 학습에 대한 논의만큼 자주 언급되지는 않는다. 우리는 이미 알고 있는 것, 더 나아가 자신의 생각에 의문을 가지지 않는 경우가 너무나도 많다. 하지만 학습이란 지식의 한계를 확인하고, 새로운 질문을 던지고, 경청하고, 새로운 지식의 학습과 문제 제기의 기회를 얻으면서 이루어진다! 이러한 과정이 없다면 배움도 없다.

이 책을 통해서 여러분이 이미 알고 있다고 생각했지만 사실은 그렇지 않았던 것에 대해 의문을 가지기를 진심으로 바란다. 2장의 팩트풀니스(Factfulness)와 아래 표는 여러분 스스로 질문을 던지고 주위 세계를 다시금 돌아볼 수 있게 이끌어 줄 것이다.

퍼실리테이션과 관련해 각 항목별로 3가지를 써 보라.

자신이 모른다는 사실을 아는 것

자신이 안다는 사실을 아는 것

자신이 모른다는 사실을 모르는 것

자신이 안다는 사실을 모르는 것

이 두 가지가 더 어렵다. 필요하다면 친구 혹은 동료와 이야기를 나눠 보고 피드백을 받아 보라.

"문제가 곧 해결책이다."

- 파울 바츨라비크(Paul Watzlawick)

1장

주변 환경을 분석해 어디에, 어떻게 중점을 둘지 알아보기

여행을 떠나기 전에 우리는 흔히 여기저기에서, 그리고 주변 모든 사람으로부터 정보를 얻으려고 한다. 예산과 시간이 부족하기에 가능한 한 '가장 좋은 계획'을 짜고 그 어떤 것도 놓치지 않기 위해 모든 걸 동원하는 수밖에 없다. 하지만 그러는 동시에 우리는 좋은 질문을 던질 기회를 놓치는 데 에너지를 낭비하는 셈이다. 회사에서도 마찬가지다. 이해를 돕기 위해 이번 장에서는 주변 상황에 대한 인지와 이해를 심화할 수 있는 핵심 내용을 다룰 것이다.

인터뷰

오드 시뷰에 Aude Sibuet

자기소개를 해 준다면?

이름은 오드이고, 몇 달 전부터 한 기업에서 조직의 혁신과 변화를 담당하고 있다. 몇 년간 여러 광고 대행사와 컨설팅 회사에서 일하다 '완전히 다른 업계'로 넘어온 거다. 지금 회사에서는 조직 내 위계질서와 부서 간 경계를 허물고 혁신을 도모하는 역할을 하고 있다. 세 가지에 중점을 두고 있는데, 첫 번째는 프로젝트를 관리할 때 모두의 역량 향상을 돕는 것, 두 번째는 창의성이 발현되기에 좋은 환경을 조성하는 것이다. 우리 회사는 사람이야말로 혁신이라는 확고한 믿음을 가지고 있다. 세 번째는 팀에서 겪는, 특히 고객을 대면할 때의 불편함을 계속해서 줄이는 것이다. 직원들이 파트너로서 동등한 위치에서 고객들과 이야기를 나눌 수 있도록 한다.

퍼실리테이션을 몇 마디로 정의해 본다면?

내게 퍼실리테이션은 사람들을 서로 연결해 주면서 그들의 재능을 발현시키는 일이다. 기업이나 개인이 품고 있는 모든 질문에 대한 답을 찾기 위해 최선을 다하도록 이끌어 주는 것이다. 내가 하고 있는 일에서 퍼실리테이션은 대상이 되는 다양한 집단이 기업의 사회적 책임(CSR), 디지털화, 영향력 강화 등과 같은 기업의 핵심 과제를 파악할 수 있게 해 준다.

퍼실리테이션에서 인간의 위치는?

나는 '인간'에 대해 이야기할 때 복수형으로 말하는 걸 좋아한다. 자격 요건들, 재능들, 성격들, 참가자들…. 인간이야말로 퍼실리테이션에서 늘 새로운 마법을 부리고 꼭 필요한 일을 해내는 존재다! 나는 프로젝트를 진행할 때 사회 역학(Sociodynamic)을 이용하는데, 동료들 한 명 한 명과 상호 작용하며 그들이 더 단단해지고 한층 더 카리스마를 발휘할 수 있게 도운 뒤에 이를 집단 전체로 확장하는 것이다. 적극적인 사람들은 머뭇거리는 사람들을 움직이게 만들어 퍼실리테이터의 어려움을 덜어 준다. 투덜대던 사람들도 에너지의 파도에 휩쓸린다. 나는 개인적인 차원과 조직적인 차원이라는 두 가지 층위에서 일을 하는 셈이다. 한 차원에서 벌어진 일이 다른 차원의 일에 힘을 보태고, 반대 방향으로도 같은 현상이 일어난다.

퍼실리테이터가 개입해야 하는 지점과 가장 먼저 하게 되는 작업은?

사람은 저마다 조직에 유일무이한 무언가를 가져다준다고 믿는다. 그렇게 조직도 본연의 특수성을 얻는다.

그 특수성을 인지하고 키울 줄 아는 조직이라면 말이다. 나는 빠르게 조직 문화를 평가하고, 경영진이 설정한 목적에 따라 진단을 내린 뒤 집단 지성에 근거해 여러 가지 제안을 한다. 가장 먼저 하는 일은 각 목적에 맞는 형식과 대상 집단을 설정하는 것이다. 경영진이 뚜렷하게 틀을 확정하게끔 해야만 집단 지성이 목적에 우선적으로 초점을 맞출 수 있기 때문이다. 이러한 사전 준비가 되어야만 직원들이 기업을 위해 파급력 있는 움직임을 지속적으로 해 나갈 수 있다. 형식이 빠르게 정립되면 현장에서 받는 피드백에 따라 형식을 맞춰 나간다.

조직에 소속된 퍼실리테이터가 갖추어야 할 자질은?

세 가지가 있다. 첫째, 나 스스로를 있는 그대로 받아들임으로써 다른 사람들도 그렇게 할 수 있도록 하기. 둘째, 방법론적으로는 '높은' 포지션(지시)을, 해결책과 관련해서는 '낮은' 포지션(적극적 경청)을 취하기. 셋째, 안전지대(Comfort Zone) 벗어나기, 반성할 줄 알기, 그리고 문제에 대비해 미리 수단을 갖추고 해결책 제시하기.

반대로 퍼실리테이터가 빠질 수 있는 함정이 몇 가지 있다면?

첫 번째 함정은 누군가에게는 효과적인 도구가 다른 누군가에게도 반드시 효과가 있지는 않다는 점이다. 테스트해 보고 실패를 받아들여야 한다. 두 번째 함정은 한 번 말했다고 해서 그 메시지가 전달됐다고 생각하는 것이다. 확실히 하기 위해서는 반복하고, 반복하고, 반복해야 한다. 반복해 말하기를 절대 귀찮아해서는 안 된다.

퍼실리테이터로서 가장 좋아하는 순간은?

개인적 차원과 조직적 차원에서 각각 한 가지씩 꼽아 볼 수 있겠다. 먼저 조직적 차원에서는 목적을 내면화했다는 것이 뚜렷이 보일 때 엄청난 만족감을 느낀다. 예를 들어, 팀이 조직 전체의 과제를 자신만의 언어로 풀어낼 때가 그렇다. 목적이 내면화된 집단은 과제에 걸맞은 방책을 제안하고 과제를 수행하고자 행동에 나선다. 위기가 있었음에도 몇 달 만에 그 기업이 놀라울 만한 성과를 내는 걸 직접 목격했다! 개인적인 차원에서는 각자가 초반 목표에는 담겨 있지 않았던 개인적인 교훈을 스스로 얻게 되는 순간을 가장 좋아한다. 그보다 더 기쁠 수는 없을 것 같다!

마지막으로 한마디 한다면?

일과 관련이 없다 하더라도 즐거운 일, 에너지를 얻을 수 있는 일이 무엇일까 생각하라. '생의 약동(Élan Vital)'은 퍼실리테이션에서 매우 중요하다.

난해한가, 복잡한가?

복잡하다는 의미를 지닌 'complex(콤플렉스)'라는 단어는 '껴안다, 이해하다'라는 뜻의 라틴어 동사 'complecti(콤플렉티)'의 명사형 과거분사인 'complexus(콤플렉서스)'에서 유래했다. 본래는 '얽혀 있는 것들'을 뜻하지만, 오늘날에는 생물학에서부터 화학, 정신 분석학, 기하학에 이르기까지 '대개 다른 모습을 띠며, 지적으로 파악하기 어려운 여러 다양한 관계를 유지하고 있는 요소들의 복합체'라는 일차적 의미로 주로 쓰인다.

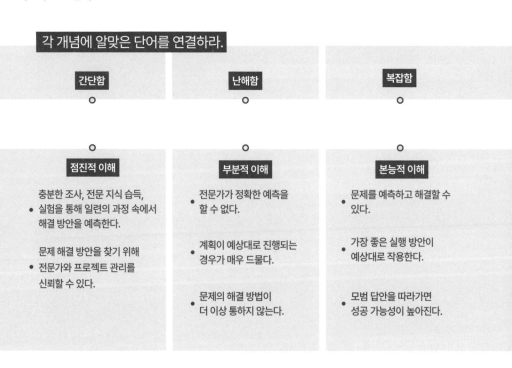

각 개념에 알맞은 단어를 연결하라.

간단함	난해함	복잡함
점진적 이해	**부분적 이해**	**본능적 이해**
• 충분한 조사, 전문 지식 습득, 실험을 통해 일련의 과정 속에서 해결 방안을 예측한다. • 문제 해결 방안을 찾기 위해 전문가와 프로젝트 관리를 신뢰할 수 있다.	• 전문가가 정확한 예측을 할 수 없다. • 계획이 예상대로 진행되는 경우가 매우 드물다. • 문제의 해결 방법이 더 이상 통하지 않는다.	• 문제를 예측하고 해결할 수 있다. • 가장 좋은 실행 방안이 예상대로 작용한다. • 모범 답안을 따라가면 성공 가능성이 높아진다.

에드가 모랭(Edgar Morin)은 우리의 인식 수준이 모든 정보를 다루기에 역부족일 때 복잡성이 생겨난다고 말했다. 오늘날 우리에게는 복잡성을 본능적으로 이해할 수 있는 능력이 없다. 복잡성을 파악하려면 모델링하고 시뮬레이션해야만 한다.

복잡성이란

나를 둘러싼 환경을 더 이상 통제할 수 없다는 생각을 한 적이 있는가? 세상에서 떨어져 나온 것만 같고, 불완전한 비전밖에 남지 않았다는 느낌을 받은 적이 있는가? 혹시 그러한 느낌이 매년 강해지고 있지는 않은가?

만약 그렇다면 이는 분명 우리가 살고 있는 세계가 매일 한층 더 복잡해지고 있기 때문일 것이다. 하루하루가 지날수록 미래를 예측하는 개인의 능력은 퇴보하지만 집단 차원에서 복잡성에 접근할 필요성은 커지고 있다.

세상을 더욱 복잡하게 만든다고 생각되는 것을 적어라.

연결사회 ....

지구온난화 ....

세계화 ....

감당할 수 없는 빚 ....

세계적 감염병 ....

퍼실리테이터를 위한 조언

복잡성은 퍼실리테이터가 목적에 관해 완전한 비전을 갖지 못하도록 방해하는 요인이다. 때문에 퍼실리테이터는 복잡성을 포용하는 법을 익혀야 한다. 마찬가지로 이제는 한 명의 전문가만으로는 충분하지 않다. 집단 차원에서 도전 과제에 대응하기 위해 모든 전문성을 동원할 때 비로소 퍼실리테이션의 진가가 발휘된다! 복잡한 문제에는 '오컴의 면도날' 이론을 적용해 볼 수 있다. 어떤 현상을 설명하려면 가능한 한 적은 가정을 해야 한다는 개념이다. 가장 간단한 해결책이 최고의 해결책이 되는 경우가 많다. 정보나 사실에 기반을 둔 자료가 부족할 때 빠른 결정을 내리겠다며 가정을 추가하고 복잡성을 높이는 일은 피해야 한다. 단, 가장 간단한 해결책이 반드시 좋다는 보장은 없다. 하지만 우선적으로 고려해야 할 필요는 있다.

시스템적 접근법

시스템은 특정 환경에서 한 가지 혹은 그 이상의 기능을 수행하며 원칙과 규칙에 따라 상호 작용하는 요소들의 집합체를 말한다. 따라서 시스템은 시스템을 구성하는 요소들뿐만 아니라 요소들 간의 상호 작용에 따라서도 그 모습을 달리한다.

예를 들어 인간의 몸은 상호 연결되어 있는 신체 기관과 혈관의 복합체로, 하나의 시스템으로 볼 수 있다. 회사, 가족 그리고 은하계 등은 모두 시스템이다. 시스템 공학은 현실을 본뜬 단순화된 모델을 만들어 복합적인 문제를 파악하는 데 도움을 준다. 여느 모델이 그렇듯이 현실과 완전히 동일하다고 할 수는 없지만 문제시되고 있는 상황과 복합적인 상호 작용을 파악하기 쉽게 시각화할 수 있다.

좀 더 구체적으로 살펴보자. 시스템적 접근법은 여러 분야를 넘나들며 우리를 둘러싼 복잡한 시스템을 연구한다. 몇 가지 '핵심 요소'에 기반을 두고 있지만 우리는 그중에서도 시스템적 접근법의 일각에 해당하는 주요 특징을 주로 살펴볼 것이다!

문제를 해결할 '단 하나의 방법'을 찾아라.

문제: 터질 듯 가득 차 있는 쓰레기통 > 해결책: 쓰레기통을 치워라

시든 꽃 > ....

성적이 낮은 아이 > ....

말하기를 꺼리는 참가자 > ....

뜨거워지고 있는 지구 > ....

첫 번째는 순환성이다. 복잡한 세상에서 우리는 '선형적으로'가 아니라 '순환적으로' 사고해야 한다. 즉 모든 것이 서로 연결되어 있다는 걸 깨달아야 한다. 여러분은 퍼실리테이터로서 맥락이 있는 상황에 개입하게 될 것이다. '단 하나의 적합한 솔루션'을 찾겠다며 모든 상황에 적용할 수 있는 보편적인 진단을 내릴 수는 없다. 절대로 불가능한 일이다. 따라서 매번 여러분은 복잡하고 구체적인 상호 작용과 여러 현상에서 기인한 결과로서 새로운 상황을 다루어야 한다.

시스템적 접근법이 흥미로운 이유가 여기에 있다. 파울 바츨라비크는 "문제가 곧 해결책이다"라고 했다. 달리 말하면, 오늘의 문제가 내일의 해결책이 되기도 한다는 뜻이다.

헨리 스피라의 치약 튜브

헨리 스피라(Henry Spira)는 영리하고 체계적인 접근법으로 많은 투쟁에서 승리를 거둔 것으로 인정받는 동물권 운동가다. (그러한 투쟁에 거액을 들인) 그린피스나 세계자연기금(WWF)과는 달리 헨리 스피라는 핵심에 초점을 맞춘 접근법으로 매우 정확한 곳을 타깃하며 최대의 결과를 얻었다. 헨리 스피라 전기에 붙은 제목 《치약 튜브 이론(Théorie du tube de dentifrice)》은 적절한 위치를 눌러 치약을 짜는 데서 착안한 것이다.

아래 치약을 말라 가고 있는 정원이라 상상하고, 이 시스템을 개선할 수 있는 방법을 적어라. 그리고 변화를 최대로 이끌어 내려면 어디를 눌러야 할지 정하라.

이게 퍼실리테이션과 무슨 상관이냐고? 한 번에 모든 문제를 다루려고 하지 말아야 한다는 점에서 관련이 있다. 경쟁 구도를 만들지 않으면서 대화를 독려하는 것이 가장 중요하다. 시스템과 시스템의 상호 작용을 잘 이해하고, 전체를 조망하는 사고를 하면서도 국지적으로 대응하는 데 도움이 될 것이다.

그림으로 보는 시스템 공학

시스템 공학의 가장 강력한 도구 중 하나는 시스템 모델링(System modelling)이다. 지도나 빙산, 피라미드, 또는 여러 다른 모양으로 목표의 범위, 구성 요소, 요소 간의 관계 그리고 외부 세계, 자연, 더 넓은 생태계와의 관계를 시각화할 수 있다. 퍼실리테이션에서는 오직 한 사람이, 더군다나 퍼실리테이터가 시스템 모델링을 좌지우지할 일은 더더욱 없다! 프로젝트에 참여하는 사람 모두를 각자가 처한 상황에 대한 전문가로 여겨야 한다. 모두를 움직이기 위해서는 겸손하고 중립적인 태도로 공감하며 접근해야 한다.

시스템 공학을 조금 더 설명해 보고자 그림이 없는 짧은 만화를 준비했다.

아래 구체적인 예시와 함께 보르네오 섬으로 떠나 보자!

실화를 바탕으로 한 이야기이니 뭐라도 배울 수 있을 것이다!

(스포일러 주의: 말라리아가 창궐하고 있는 엉망진창인 상황이다.)

말라리아가 유행하던 보르네오 섬이 세계보건기구(WHO)에 도움을 요청했고, WHO는 모기 살충 성분인 DDT로 말라리아의 전파를 막으려 했다.

하지만 DDT는 모기뿐만 아니라 말벌까지 죽이면서 짚으로 된 지붕을 좋아하는 애벌레 개체 수를 늘리는 결과를 낳았고, 애벌레는 여기저기에 구멍을 냈다.

보르네오 섬에 사는 도마뱀은 DDT로 죽은 모기와 말벌을 먹었고, 그 도마뱀을 먹은 고양이들은 신진대사가 훨씬 빠른 탓에 DDT의 독성을 이기지 못하고 죽었다. 그 결과, 쥐의 개체 수가 급증했고, 페스트가 돌기 시작했다. 그래, 누가 이기나 한번 해 보자!

보르네오 섬 주민들은 다시 한 번 도움을 요청했고, 프랑스 공군은 섬에 고양이를 투하했다.

이 상황에서 나타난 '부작용'은 시스템 이해의 부족이라고 볼 수 있다. 복잡한 시스템에서 상황에 대한 전반적인 이해 없이 행동에 나서서는 안 된다. 비행기로 고양이를 풀어놓고 싶은 게 아니라면 말이다.

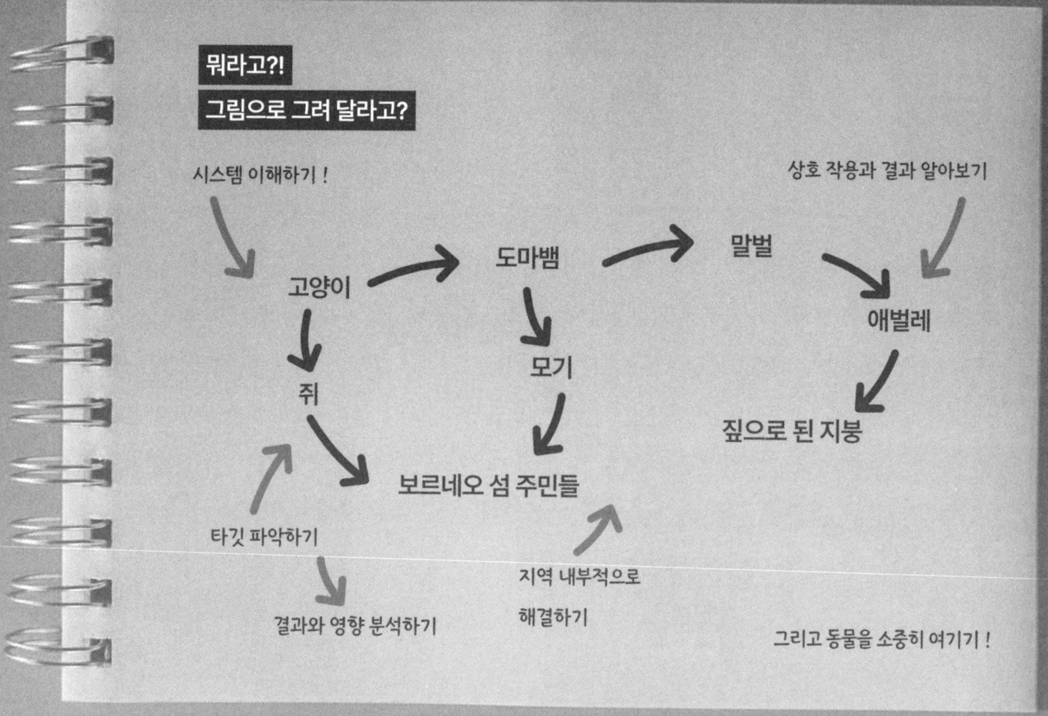

시스템의 서로 다른 구성 요소와 상호 작용을 종이 위에 옮기면 강력한 힘을 발휘하고, 구조 역시 한 눈에 들여다볼 수 있다. 상이한 역학을 감지하면 본래 보여 주고자 했던 것 그리고 우리가 의식적 혹은 무의식적으로 했던 행동 뒤에 숨겨진 실질적인 과제와 욕구를 간파할 수 있다. 시스템 모델링은 불완전할 수밖에 없다. 불완전하지 않다면 시스템 모델링을 하는 것 자체가 불가능하다! 모델링은 자신의 왜곡된 시선으로 만들어지는 것이기 때문이다.

이번에는 아래 공간을 활용해서 플라스틱 물병의 생산부터 물병이 자신의 몫을 다하는 순간까지의 주기를 모델링해 보라. 시스템을 구축할 때 부작용을 통제하면서 최대의 효과를 내려면 어느 부분에 중점을 두어야 할지 생각해 볼 수 있을 것이다.

집단 지성

초대 손님: 퍼실리테이터이자 혁신 컨설턴트, 누하드 하맘(Nouhad Hamam)

집단 지성은 대화의 주제로 자주 사람들의 입에 오르지만, 부당한 이유로 언급되거나 자주 오해를 사면서 상당히 변질된 개념이다. 그러나 잘 다루어지고 이용되기만 한다면 집단 지성은 여전히 효과적인 해결 방안이다. 전문가들이 홀로 복합적인 시스템과 과제를 모두 다룰 수 없기에 필연적으로 실패했던 우리 시대의 복잡한 문제들을 해결할 수도 있다. 다만, 집단 지성을 발휘하는 건 쉽지 않다. 여러분이 집단 지성에 첫걸음을 내디딜 수 있도록 집단 지성의 정의와 단계 그리고 발현 요인에 대해 알아보자.

다음은 효율적인 집단 지성의 정의를 비유적으로 가장 잘 보여 주는 수식이다.

1+1>2

(집단 지성이 발휘되는) 두 사람의 협업이나 두 아이디어의 성공적인 만남은 이 수식과도 같다.

다음 등식을 완성해 보라 (가능한 답은 무궁무진하다).

<죠스> + 우주 = <E.T.>, <라이프>, <에일리언> … (직접 채워 보자!)

암소 + 트램펄린 = 밀크셰이크, 로데오 … ……………………

대양 + 사하라 사막 = 오아시스, 폭염 … ……………………

맥주 + 의자 = ……………………

토마토 주스 + 화성 = ……………………

밀렵꾼 + 두부 = ……………………

멕시코 + 치와와 = ……………………

집단 지성의 3단계

집단 지성은 여러 단계의 집단 지성이 작용해 끊임없이 이어지는 놀이와 같다. 인터넷에는 적용 가능한 수많은 집단 지성 모델이 공유되고 있다. 그중에서도 우리는 호주 출신의 철학 박사 마크 앨런 엘리엇(Mark Allan Elliott)이 개념화한, 집단 지성의 3단계가 서로 뒤얽혀 있는 모델을 소개하려 한다. 왜 이 모델이냐고? 집단 지성과 세계의 복잡성 사이의 관계를 잘 보여 주기 때문이다.

1단계: 협력

처음부터 궁극적인 목표를 알린다. 책임자 한 명이 목표 달성에 적합한 인물과 훌륭한 전문가를 적재적소에 배치한다.

예시: 사내 프로젝트 매니저 / 이미지: 퍼즐

2단계: 협동

모두가 목표를 알고 있다. 목표를 달성하기 위해 프로젝트 참가자들이 스스로 조직을 형성한다.

예시: 위키피디아 / 이미지: 집짓기

3단계: 창의적 협업

모든 참가자가 자신의 역할을 수행하고, 이를 종합한 것이 최종 결과물이 된다. 각 개인은 정확히 어떤 결과가 나올지 알지 못한 채 자신의 업무를 수행한다.

예시: 이 책의 제작 과정 / 이미지: 상어를 피해 다니는 물고기 떼

마크 엘리엇 박사의 모델은 협력, 협동, 창의적 협업의 개념을 뚜렷이 구분 짓는다. 이 세 가지 단계는 가장 약한 집단 지성부터 가장 강력한 집단 지성 순으로 구성된다. 퍼실리테이터의 역할을 다루거나 발전시키려면 조직 혹은 인간 생태계가 상상력을 발휘하고 문제나 복잡한 시련에 대한 답을 찾을 수 있는 창의적인 협업 공간을 어떻게든 만들어야 한다.

집단 지성의 발현

초대 손님: 퍼실리테이터이자 혁신 컨설턴트, 누하드 하맘

집단 지성은 마치 살아 숨 쉬는 생태계처럼 연약하다. 특히 집단 지성의 '창의적 협업'(엘리엇 박사의 모델에서 집단 지성 3단계)이 지닌 위력은 환경에 따라 크게 달라진다. 저명한 북유럽 심리학자 예란 애크월(Göran Ekvall)은 창의적인 협업 환경을 만드는 데 필수적인 10가지 기준을 세웠다. 이는 다음과 같다.

퍼실리테이터로서 가장 충족하기 어려울 것 같은 3가지 기준에 동그라미 쳐라.

고난이도의 도전 과제 | 지지를 받는 아이디어 | 자기 주도적 행동을 이끌어 내는 자유로운 분위기 | 위험 감수 장려 | 토론 장려 및 일상적인 토론

유희와 유머 | 아이디어를 낼 시간 | 드물게 나타나는 약한 강도의 갈등 | 높아진 자신감과 열린 마음 | 활기찬 분위기와 사회생활

왜 그 3가지 기준이 충족하기 어렵다고 생각하는가?

....

....

창의적 협업은 퍼실리테이션의 틀을 잡을 때 발생하는 모든 문제를 해결해 주지는 않는다. 하지만 창의적 협업을 촉진하는 기준을 알고 성공적으로 적용한다면 잠재력이 큰 집단 지성을 성공적으로 활용할 수 있을 것이다! 그것이 바로 퍼실리테이션의 묘미다.

누가 퍼실리테이션이 쉽다고 했나?

협업의 퀄리티 평가하기

협업의 양상은 일정한 상태로 유지되지 않고 계속해서 변모한다. 앞서 보았듯, 온갖 요소들이 협업에 영향을 미친다. 그리고 여러분 역시 협업에 기여할 것이다. 협업의 퀄리티를 높일 수 있는 모든 것을 실행에 옮겨 한 걸음 더 나아가야 한다. 그 첫걸음으로 협업의 퀄리티를 평가하는 법을 배워 보자. 다음 표를 완성하며 여러분의 현재 팀 혹은 마지막으로 거쳐 왔던 팀의 협업 퀄리티를 평가해 보라. 평가와 판단은 다르다.

평가하되, 재단하지 말라.
이 활동의 요지는 개선의 여지가 필요한 부분을 파악하고
그 결과에 따라 행동하는 것이다.

관계의 질(%)	팀원들의 이름			
존중: 본인과 나머지 팀원 4명의 관계에서 느껴지는 존중과 존경의 정도	____%	____%	____%	____%
활기: 본인과 나머지 팀원 4명의 관계에서 느껴지는 생기와 에너지의 정도	____%	____%	____%	____%
상호 이해: 본인과 나머지 팀원 개개인이 생각과 걱정, 두려움을 나눌 수 있는 편안함의 정도	____%	____%	____%	____%
긍정적인 영향: 팀의 각 구성원이 성장하고, 새로운 아이디어와 가능성을 만들 수 있게 돕는 본인의 능력	____%	____%	____%	____%
평균				

출처: 《집단 지성(Collaborative Intelligence)》, 다우나 마코바(Dawna Markova), 앤지 맥아더(Angie McArthur) 저.

항목들 중 가장 낮게 나온 점수를 높이려면 어떻게 해야 할지 생각해 보라.

협력지수 자가 평가

초대 손님: 퍼실리테이터이자 혁신 컨설턴트, 누하드 하맘

틀과 협업이라는 주제를 꺼냈으니 집단 지성을 촉진하는 본인의 능력을 정기적으로 분석해 보자. 협력지수(CQ, Collaborative Quotient)로 그 능력을 측정할 수 있다! 다우나 마코바와 앤지 맥아더가 제안한 간단한 협력지수 자가 평가지는 다음과 같다.

	10점 만점 기준 (0=최저점, 10=최고점)
회의에서 아이디어를 제안하는 숙련도	
팀의 다른 구성원에게 나의 장점과 능력을 공유하는 빈도	
팀의 다른 구성원이 그들의 장점과 능력을 나에게 공유하는 빈도	
회의 혹은 워크숍에서 소수의 의견을 고려하고 연구하는 경향	
다른 팀 혹은 사람들끼리 관계를 맺어 주는 능력	
회의 혹은 워크숍에서 활용하는 방식의 다채로움: 기기, 시청각 자료, 몸 등	
다른 사람의 강점을 발견하고 드러내는 능력	
다른 사람(동료, 고객 등)에게 효율적으로 이의를 제기하는 능력	
다른 사람들이 협력하도록 만드는 능력	
다른 사람들이 함께 생각하는 데 큰 도움을 줄 토론의 장을 마련하는 능력	
평균	

출처: 《집단 지성(Collaborative Intelligence)》, 다우나 마코바(Dawna Markova), 앤지 맥아더(Angie McArthur) 저.

한발 물러나 생각하기

창의적 협업

앞서 했던 2개의 자가 평가를 참고하여 앞으로 다음 목표를 이루기 위해 어떻게 해야 할지 5가지 방안을 생각해 보고 아래 빈칸에 적어라.

- 창의적 협업(집단 지성의 궁극적인 수준)을 한층 더 장려하고 촉진하기
- 나의 협력지수(CQ)를 높이고 이를 통해 주변의 집단 지성을 높이는 능력 향상하기

#1 ....

....

....

#2 ....

....

....

#3 ....

....

....

#4 ....

....

....

#5 ....

....

....

두려움 없는 조직

집단 전체가 힘을 모아 복잡한 문제를 풀어낸다는 건 아주 멋진 생각이지만, 그러려면 모든 구성원이 계속 발전하며 제 실력을 발휘해야 한다는 문제가 남아 있다. 많은 기업이 같은 문제에 자주 부딪힌다. 《두려움 없는 조직》에서 영감을 받은 다음 도표는 조직 내 안전감이 학습과 혁신, 성장에 얼마나 중요한가에 대한 질문을 던진다. 책의 저자 에이미 에드먼드슨(Amy C. Edmondson)은 두려움이 팀의 기능을 저해한다고 말한다. 여러분이 나중에 조직을 꾸릴 생각이 있다면 조직을 받쳐 주는 기둥으로 심리적 안전감이 반드시 필요하다는 사실을 잊지 마라.

마지막으로 이끌었던 팀 혹은 현재 속해 있는 팀을 떠올려라.

떠올렸는가? 좋다! 그렇다면 아래의 네 영역 중 그 팀에 해당한다고 생각되는 영역에 표시하라.

심리적 안전감과 책임감

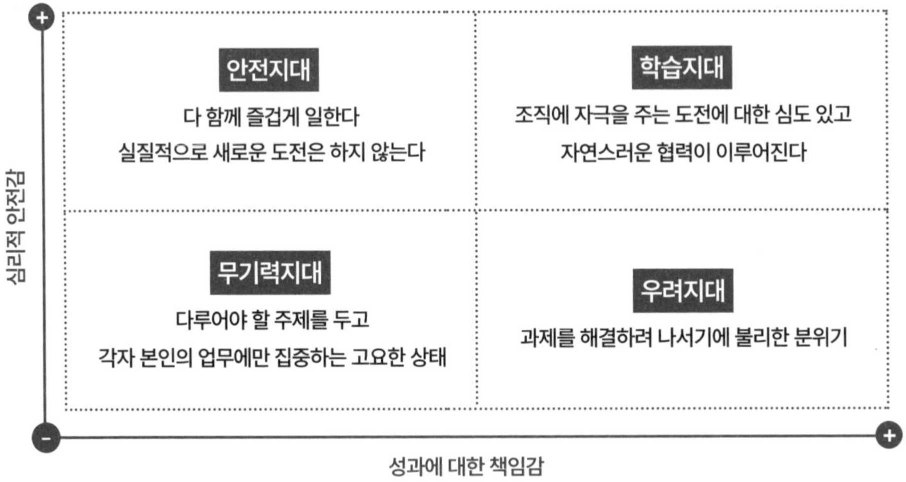

출처: <하버드 비즈니스 리뷰(Harvard Business Review)>, 2008, 7-8월호 수록 논문 '학습의 경쟁적 필요성(The Competitive Imperative of Learning)', 에이미 에드먼드슨, pp. 60-67

심리적 안전감을 높이는 실전 테크닉

여러분에게는 퍼실리테이팅할 그룹의 틀을 짜야 하는 책임이 있다. 구체적으로는 사람들이 머물 (시간적, 공간적 의미의) 공간에서 심리적 안전감을 보장해야 한다는 뜻이다. 심리적 안전감은 참가자들이 주저 없이 질문하고, 비판적인 의견을 내고, 근사한 아이디어를 제안하고, 다른 구성원에게 솔직하고 건설적인 피드백을 주고, 더 나아가 실수를 인정하고 교훈을 얻기 위해 필요한 가장 중요한 조건이다. 만약 개개인이 평가와 징계를 받을 수 있다는 두려움에서 벗어난다면 조직은 실제로 더 높은 창의성을 발휘하고, 적극적인 반응을 보이고, 더 나은 성과를 낼 것이다.일단 안전감의 틀이 마련되고 유지되기만 하면 여러분은 참가자들을 점점 더 복잡한 도전 과제로 인도하며 안전지대에서 벗어나도록 유도하거나 학습지대에서 더 발전할 수 있도록 격려할 수 있다.

어떻게 하면 집단이 나머지 3개의 영역을 벗어나 학습지대에 도달하도록 만들 수 있을까?

안전지대

- 사람들의 흥미를 돋우고 자극을 줄 수 있는 목표 설정하기
- 현재 상황에 이의 제기하기
- 동기 묻기
- 각자가 익숙지 않은 일을 하도록 유도하기
- ....

학습지대

이곳에 도달해야 한다!

무기력지대

- 상황을 파악하기 위해 회고하기
- 의뢰인 참여시키기
- 공감하기
- 구성원의 입장에서 생각해 보고 관심 가지기
- 구성원이 상황을 인식하도록 돕기
- ....

우려지대

- 참가자들을 목표에 얼라인시키기
- 후원자를 달성 가능한 목표에 얼라인시키기
- 투명해지기
- 생산적인 갈등과 진정한 의견 교환 촉진하기
- 겸손하기
- ....

생각을 마쳤는가? 그럼 이제 43페이지에서 여러분이 언급했던 팀과 논의하여 실천에 옮길 행동을 정하라. 그리고 이 책을 덮은 뒤 달려가 곧바로 실천하라!

역기능 피라미드

팀 혹은 조직은 복잡한 시스템이다. 연대하고 다 함께 능률적으로 일하기 위해서는 재능과 의욕이 있는 몇몇 사람을 모으는 것만으로는 부족하다. 팀의 전진을 방해할 수 있는 요소에는 여러 가지가 있다. 패트릭 렌시오니는 역기능 피라미드를 통해 개인이 팀으로 일할 때 곳곳에서 의식적 혹은 무의식적으로 하는 행동에 대한 통찰을 제시한다.

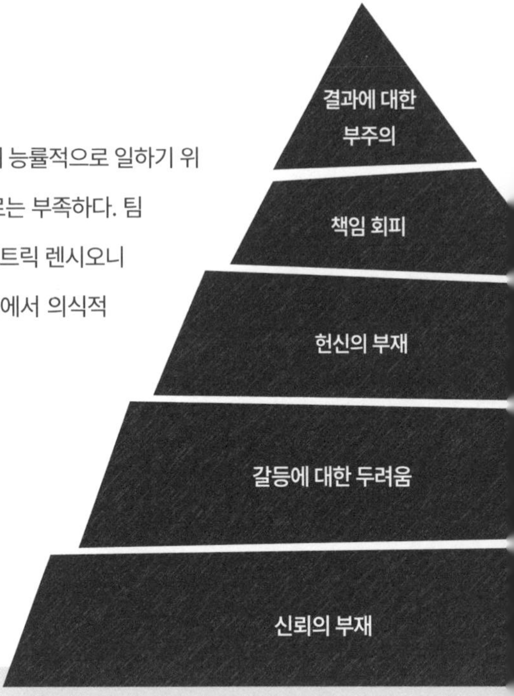

이전에 있던 팀에서는 주로 어떤 점이 팀의 발전을 저해했는가?

아래 빈칸을 채워 보자.

- 참여 없는 회의
- 위협이 섞인 의견 교류
-
-
-

- 발언권 독점
- 잦은 인사이동
-
-
-

패트릭 렌시오니(Patrick Lencioni)는 신뢰가 협력의 기반이라고 말한다. 신뢰가 없다면 팀도 없다. 신뢰는 우리가 흔히 말하는 '생산적인' 갈등을 일으킨다. 하지만 두 번째 단계에 해당하는 갈등 없는 팀 혹은 갈등에 대한 두려움이 있는 팀은 죽어 가고 있거나 완전한 조화를 억지로 만들어 낸 팀이다.

세 번째 단계에는 헌신의 부재가 있다. 헌신은 합의가 아니다. 자신의 의견이 진지하게 고려되지 않는다고 생각하는 구성원들은 헌신하지 않는다. 이들은 다른 사람들에게 찬성표를 던지지 않기 때문에 헌신의 부재는 책임 회피로 이어진다.

마지막 단계에서 책임 회피는 결과에 대한 부주의를 불러온다. 결과보다 노력의 가치를 높이 사는 문화 역시 결과에 대한 부주의를 심화시킨다. 역기능 피라미드에서 한 단계는 다른 단계 위에 순서대로 포개져 있다. 즉 아래 단계가 단단히 받쳐 줘야만 다음 단계가 나타나는 식이다. 예를 들어 신뢰 없는 헌신은 거의 불가능한 일이다.

이전에 있던(혹은 본인이 퍼실리테이팅을 했던) 팀의 구성원들을 떠올려 보라.
1부터 5까지 점수를 매겨 보라(1점이 가장 낮은 점수다).

○○○○○ 서로를 신뢰한다.

○○○○○ 아이디어에 대해 공개적으로 논의한다.

○○○○○ 결정과 실행 계획을 행동으로 옮긴다.

○○○○○ 실행 계획의 이행에 대해 상호 책임을 진다.

○○○○○ 공동의 성과 달성에 집중한다.

퍼실리테이터로서 어떻게 팀의 성과를 개선할 수 있을까?

- 팀 빌딩(Team building)
- 토론을 장려한다
-
-
-
- 서로의 의견에 귀 기울이도록 한다
- 의뢰인에게 브리핑한다
-
-
-

간혹 여러분은 퍼실리테이터로서 한 집단 내에서 진행되는 여러 세션에 개입하고, 각 세션의 목적을 달성할 틀을 짜야 할 것이다. 패트릭 렌시오니가 고안한 역기능 피라미드는 약점을 감지하는 데 도움을 주고, 더 원활한 협력을 위한 실마리를 제공한다.

신뢰의 방정식

신뢰는 방정식으로 표현될 수 있다. 여러분도 이미 알고 있듯이 신뢰는 협업이나 집단 역학 혹은 좀 더 넓게 보면 집단 지성의 근간을 이루는 필수적인 요소다. 하지만 그 의미가 자주 퇴색되곤 하는 신뢰의 개념을 손에 잡힐 듯이 제대로 보여 주는 사람은 거의 없다! 정치계에서 주기적으로 들리는 '저를 믿어 주십시오!'라는 외침을 떠올려 보라.

신뢰를 보여 준다는 것은 도대체 왜 이토록 어려운 걸까? 신뢰한다는 건 누군가를 믿으면서 자신에게 소중한 무언가를 그 사람에게 맡긴다는 뜻이다. 그렇다면 무엇이 구성원들로 하여금 퍼실리테이터를 믿게 하고, 또 서로를 믿게 하는가?

$$\text{신뢰} = \frac{\text{신빙성} \times \text{예측 가능성} \times \text{친밀도}}{\text{리스크} \times \text{개인적 야망}}$$

신빙성: 논의 주제에 대한 정확한 지식을 갖춤 / 예측 가능성: 약속을 지킴 / 친밀도: 서로 앎 / 리스크: 프로젝트에 내재된 위험 부담의 정도 / 개인적 야망: 조직의 이득과 개인적 이득의 충돌

어떻게 하면 구성원들이 **퍼실리테이터**를 신뢰하게 만들 수 있을까?	어떻게 하면 구성원들이 **서로**를 신뢰하게 만들 수 있을까?
◇ 의도하는 바를 투명하게 내보여라.	◇ 서로에 대해 알아 갈 시간을 줘라.
◇ 자신을 소개하는 시간을 가져라.	◇ 구성원들을 공통의 목표에 얼라인시켜라.
◇ 예상 일정을 공유하라.	◇ 성과를 인정하라.
◇	◇ 개개인이 가진 역량의 가치를 높이 사라.
◇	◇ ....
◇	◇ ....

신뢰는 단시간에 형성되지 않고 여러 가지 변수의 영향을 받는데, 이 변수들은 늘어나기도 하고 반대로 줄어들기도 한다. 그리고 그 변수 중 하나라도 무너지면 모든 신뢰가 무너진다. 따라서 여러분에게는 선택의 여지가 없다! 신뢰하는 분위기가 형성되어야 퍼실리테이팅하고 있는 구성원들이 목표를 달성할 확률이 높아진다.

집단 역학

브루스 터크만(Bruce Tuckman)은 퍼실리테이터로 마주하게 되는 환경을 잘 읽을 수 있는 효과적이고 중요한 도구를 제안한다. 조직 이론에 관해 500개 이상의 연구를 분석한 심리학 교수 터크만이 1965년 고안한 이 모델은 팀 빌딩의 4단계를 보여 준다. 언뜻 보면 간단해 보이지만 한 집단의 생애가 지닌 일시적이고 순환적인 면모가 뚜렷이 드러나고, 각각의 새로운 혹은 오래된 요소가 집단의 결속력과 역학에 변화를 준다.

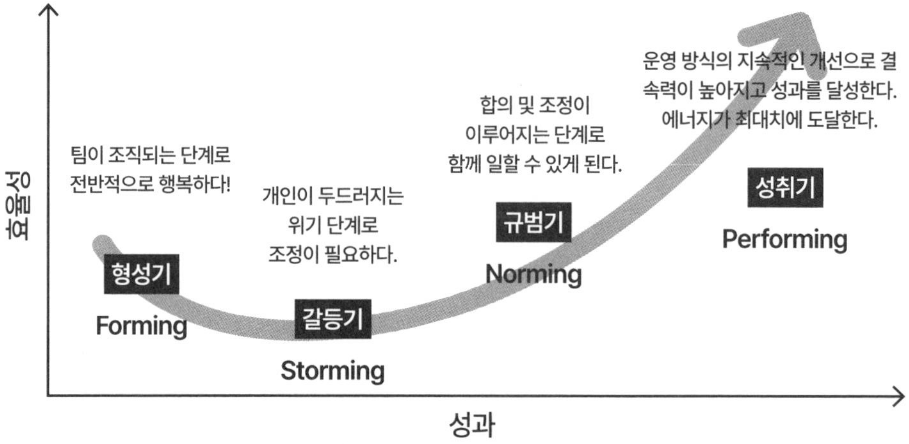

퍼실리테이터로 일하는 동안 각 단계의 효과를 가속화하고, 또 성취기를 가능한 한 오래 유지하려면 어떻게 해야 할까?

- 각자가 기대하는 바를 공유하게 한다.
- 참가자들끼리 서로 알 수 있는 시간을 제공한다.
- 참가들을 공동의 목표에 얼라인시킨다.

- 의사 표시를 명확히 하도록 한다.
- 질문을 하도록 한다.
- 업무 틀과 목표를 상기시킨다.
- 리더십의 발현을 장려한다. (이때, 이 리더십은 독재자의 리더십이 아니다).

- 성과를 축하한다.
- 노력을 인정하도록 한다.
- 참가자들끼리 피드백을 하도록 독려한다.
- 진행된 일을 시각화한다.

- 다른 팀과 다른 장소에도 그 성과를 공유하도록 한다.
- 개선의 흐름을 지속적으로 유지한다.

퍼실리테이션 액티비티 ①

복잡한 세상을 향해하는 일, 불확실하지만 좋은 자극이 되지 않는가?

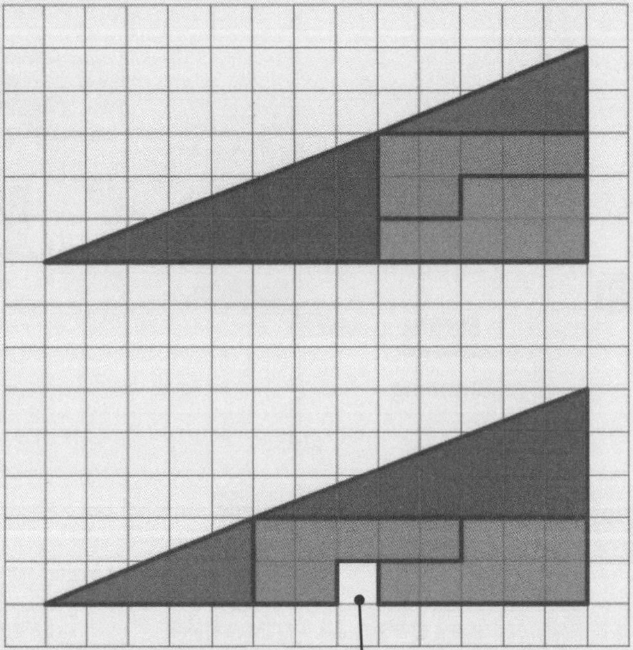

이 구멍이 어떻게 생겨났는지 설명할 수 있는가?

정답은 여기에: https://bit.ly/trianglesolution

이번 장에서 얻은
핵심 아이디어 5가지

#1 .... #2 .... #3 ....

#4 .... #5 ....

여권에 도장 찍기

본인의 것으로 흡수한 개념의 도장을 연필로 따라 그려 보라.

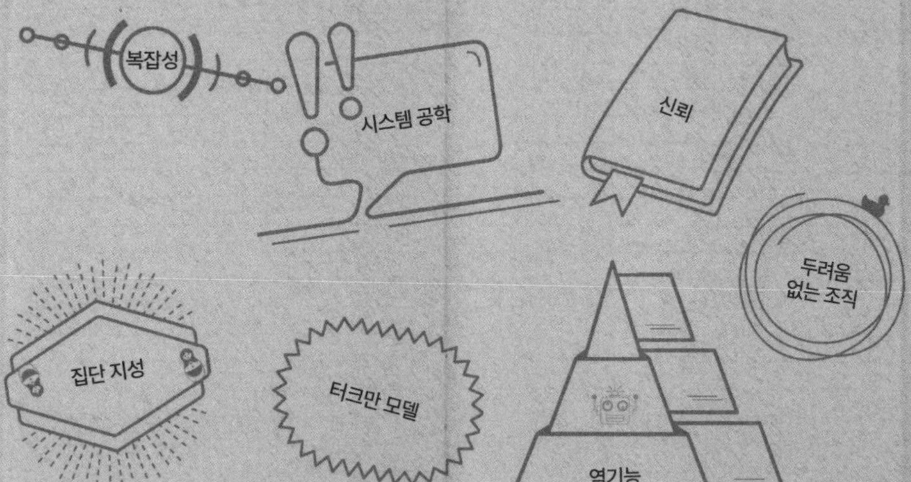

다른 개념으로 넘어가기 전에 잠시 휴식하라.

어느 현실적인 사람이 말했듯, "멀리 가려면 힘을 아낄 줄 알아야 한다."

"팀의 강점은 각 구성원 개개인이다.
각 구성원의 강점이 곧 팀이다."

- 필 잭슨(Phil Jackson)

2장

여러 각도에서 인간 탐구하기

퍼실리테이션을 향한 여행이 막 시작됐다. 1장에서는 앞으로 여러분이 어떤 환경에 놓일지 살펴봤다. 이제 여러분은 본인의 위치와 역할을 인식하기 시작했을 것이다. 그렇다면 이번에는 주변 사람들을 한번 만나러 가 보자. 독특한 이야기, 나와는 다른 문화와 마음가짐을 가진 사람들과의 소통으로 안내하겠다.

변화무쌍한 인간은 매우 다양한 면을 지닌 복잡한 존재이기 때문에 조직에서 최대의 성과를 내기 위해서는 인간의 특징 몇 가지를 반드시 이해해야 한다. 조직의 성과를 최대로 끌어내려면 퍼실리테이터 혹은 열정적인 매니저, 가이드로서뿐 아니라 특히 한 사람으로서 편향과 감정, 재능, 욕망, 동기를 잘 다루어야만 한다. 여러분의 편향, 감정, 재능, 욕망, 동기에만 국한되는 이야기가 아니다. 다른 사람들의 그것 역시 마찬가지다.

자, 그럼 손전등을 집어 들고 다각도에서 인간을 탐구하러 떠나 보자. 인류학자가 되라는 뜻이 아니다. 다만, 여러분에게 실마리와 앞으로 나아가고자 하는 욕구를 선사하고자 한다.

인터뷰

올리비에 미 Olivier My

자기소개를 해 준다면?

올리비에 미라고 한다. 머리 회전이 빠른 전문 코치다. 인간을 다시 중심에 두는 데 초점을 맞추며 개인, 팀, 기관이 변화에 대한 적응력을 높일 수 있도록 도움을 주고 있다. 고객이 자신의 에너지를 동원해 의미 있는 목표를 달성하고, 한층 원활히 협력하고, 즐겁게 변화할 수 있게 돕는다. 어떠한 지시나 명령 없이 간단하고 가벼우면서도 자기 계발의 성격을 띠는 접근법을 추구한다.

퍼실리테이션을 몇 마디로 정의해 본다면?

퍼실리테이션은 한 사람 혹은 한 집단에 자유로운 의사 표현, 공유, 배움에 유리한 환경을 제공하며 목표를 이루어 나가는 여정에 동행하는 섬세하고 우아한 기술이다.

퍼실리테이션에서 인간의 위치는?

물론 중심에 있다! 퍼실리테이션이란 결국 상호 작용이 이루어지는 엄청난 순간이라는 걸 잊으면 안 된다! 인간 특유의 감수성은 행동을 관찰하고, 반응에 적응하고, 모임의 진행 요건을 일관성 있게 조정하는 데 꼭 필요하다. 감정과 에너지 조절은 퀄리티 좋은 퍼실리테이션을 판단하는 기준이다!

감수성이 큰 도움이 된 적이 있다면?

내게 감수성은 늘 퍼실리테이팅의 핵심이었기에 막상 또렷이 떠오르는 기억이 없다. 감수성은 가능한 한 정확하게 문제에 접근하는 데 도움이 되고, 그렇지 않다 하더라도 상황 적응력을 높여 준다. 그 순간에 무엇이 필요한가를 잊지 않으면서 각자가 지닌 다양성을 존중하는 태도를 유지하는 게 가장 중요하다.

퍼실리테이터가 갖추어야 할 자질은?

퍼실리테이터의 기본 자질 중 하나는 경청이라고 생각한다. 달성해야 하는 목표를 잘 이해했는지 확실히 하기 위해서, 그리고 각 참가자의 경험에 주의를 기울이고 상황에 맞게 태도를 수정하기 위해서는 다른 사람의 말을 경청하는 건 물론이고 자신에게도 귀를 기울여야 한다. 자신을 먼저 잘 돌보지 않는다면 다른 사람들을 돌보기도 쉽지 않기 때문이다! 비행기에 타면 자신을 먼저 챙기고 다른 사람을 도우라고 안내하지 않나! :-P

다른 자질로는 용기와 겸손이 있다. 머릿속으로는 목표를 염두에 둔 채 겪어 보지 않은, 때로는 어려운 상황을 마주해야 하는 용기와, 주어진 틀 속에서 정해진 퍼실리테이터의 역할과는 상관없이 다른 사람들을 생각하는 겸손함이 필요하다. 예측하지 못한 상황에 맞서고 우리가 늘 옳지는 않다는 사실을 받아들이는 능력이다! :-)

마지막으로 간단명료함이 필요하다. 복잡한 것을 지나치게 축약하는 게 아니라 간소화하면서 핵심에 집중하는 것이다.

반대로 퍼실리테이팅을 할 때 빠질 수 있는 함정을 한두 가지 꼽아 본다면?

내가 생각하기에 가장 큰 함정 중 하나는 워크숍의 형식을 아무런 의도 없이 하나하나 차례로 채워 넣는 것이다. 전체적인 일관성 없이 벽 위에 벽돌을 쌓아 올리는 것과 같다.

다른 함정으로는 관계에서 자신의 역할을 잊어버리는 것이다. 우리의 역할은 시간을 들여 기획한 모임에 기계적으로 생동감을 불어넣는 게 아니라 사람들이 목표에 도달할 수 있도록 돕는 것이다.

워크숍에서 가장 좋아하는 순간은?

매우 다른 순간 두 가지가 곧장 떠오른다. 하나는 내가 지시 사항을 전달한 다음 사람들이 집중하기 시작하는 순간이다. 끓는점을 향해 온도를 높여 가다 처음으로 보글보글하는 움직임을 보이는 물과 같다! 그리고 참가자들이 다 함께 완수한 프로젝트에 감탄하는 순간이다. 자신이 막 만든 먹음직스러운 요리가 나왔고 이제 맛있게 먹을 일만 남은 상황인 거다!

마지막으로 한마디 한다면?

퍼실리테이션은 오늘날 세계가 직면한 도전을 마주하도록 하는 근사한 도구다. 신출내기든 고참이든지 간에 우리가 소중히 여기는 큰 뜻을 이루기 위해 퍼실리테이팅 능력을 발휘하는 것이 우리의 일이다. 호기심을 잃지 말고, 겸손하면서도 열린 마음으로 계속해서 학습하고 퍼실리테이션을 우리 주위에 널리 알리자.

생각의 두 가지 속도

대니얼 카너먼(Daniel Kahneman)과 아모스 트버스키(Amos Tversky)의 《생각에 관한 생각》에 열거된 연구에 따르면 생각에는 두 가지 속도, 시스템 1과 시스템 2가 존재한다.

행동경제학을 창시한 대니얼 카너먼은 우리의 뇌가 아주 게으르다는 사실을 밝혀냈다. 믿을 수 없다고? 좋다. 여기 여러분을 납득시킬 간단한 문제 두 개를 풀어 보라. 이미 알고 있는 문제라면 우리가 무슨 이야기를 하고자 하는지 이해할 것이다!

야구 방망이 하나와 공 하나가 10유로다.
야구 방망이는 공보다 1유로 비싸다.
공은 얼마겠는가?

모세는 동물을 종별로
몇 마리씩 방주에 태웠을까?

문제를 풀다가 막혔다면, 정상이다! 풀었다고? 브라보! 하지만 매번 이런 문제를 모두 맞힐 수 있을지는 미지수다! 어떤가? 질문을 읽으면서 답이 분명하다고 생각하지만 그러다 퐁당! 함정에 빠져 버리는 것이다. 카너먼과 트버스키는 우리의 뇌가 두 가지 속도로 작동한다고 말한다(원제 《Thinking, fast and slow》도 '빠른 사고와 느린 사고'를 뜻한다)!

시스템 1: 직관과 본능	시스템 2: 이성적 사고
특징: 무의식적 – 빠름 연상 - 자동적	특징: 느림 – 신뢰도 높음 적응 - 논리적

어렵거나 낯선, 흔히 '복잡'하다고 하는 문제에 대해 고민할 때는 우리의 이성적인 뇌, 즉 시스템 2가 필요하다. 난점이라면 시스템 2는 우리의 몸이 가지고 있지 않은 최대치의 포도당을 소비한다는 것이다…. 달리 말하자면 게으른 뇌가 스스로를 보호하기 위해 대부분의 경우 시스템 1을 써먹으며 우리의 지능 발전을 막고 있다. 결과적으로 우리는 지름길로 다니는 셈이다(병뚜껑을 열 때마다 어떻게 열어야 하는지 고민할 필요가 없다는 면에서 지름길이 꼭 나쁜 것만은 아니다).

왜 이런 이야기를 하냐고? 여러분은 일상 속에서 단체 생활을 하며 중요한 결정을 내릴 때 실수할 확률을 낮추고 싶어 하기 때문이다. 따라서 여러분의 과제는 참가자들의 시스템 2를 활성화하는 것이다! 어떻게? 모든 문제를 간단명료하게 해결할 수는 없다는 걸 보여 줘라!

편향 입문

우리의 뇌는 그럴듯한 이유로, 또 주로 자동 모드로 작동하는 게으름 탓에 현실에 대한 판단을 거의 기계적으로 재빨리 내려 버리거나 옆길로 새게 만든다. 즉 편향은 인간의 뇌가 잘못된 결론에 이르게 하는 사고 메커니즘이다. '좋은' 소식이 있다면 어쨌거나 편향도 인간의 행동 방식을 구성하는 요소 중 하나라는 것이다. 편향을 없애 버린다는 건 구멍 난 양동이로 물을 길어 올리는 것과 같다.

일상 속 장면과 그에 해당되는 편향을 짝지어라!

- 이 프로젝트에 투자한 지 2년이 지났는데 이제 와서 그만둘 수는 없어. A ◇
- 팀원들의 기분을 상하게 하고 싶지 않으니 그들의 의견대로 투표할 거야. B ◇
- 오늘 아침 운이 좋았던 건 내가 아까 길 건너는 어떤 할머니를 도와주었기 때문일 거야. C ◇
- 80유로였던 바지를 50유로에 사다니, 잘 샀다. D ◇
- 이 물건은 핑크색이니까 여성용일 거야. E ◇
- 워크숍이 망한 이유는 어쨌든 그들이 워크숍을 하고 싶어 하지 않았기 때문이야. F ◇
- 모두가 이 해결책을 최고라고 생각해. G ◇
- 너 전기차 모는구나, 다들 전기차가 친환경적이라고 하잖아, 멋지다! H ◇

◇ **1. 고정 관념 편향(Stereotypical bias)**
(인종, 국가, 성별 등 특정 집단에 대한 근거 없는 사실을 믿게 만드는 편향)

◇ **2. 몰입 상승 효과(Escalation of commitment)**
(잘못된 결과가 나왔음에도 계속해서 같은 것을 고집하는 현상)

◇ **3. 이기적 편향(Self-serving bias)**
(잘된 일은 자신의 덕으로, 잘 안된 일은 외부의 탓으로 돌리는 경향)

◇ **4. 공정한 세상 가설(Just-world hypothesis)**
(세상은 공정한 곳이므로 공정한 행동을 하면 이득을 보고, 불공정한 행동을 하면 손해를 본다고 생각하는 편향)

◇ **5. 집단사고(Groupthink)**
(응집력이 좋은 집단에서 이의 제기를 억누르고 만장일치로 합의에 이르려는 경향)

◇ **6. 확증 편향(Confirmation bias)**
(자신의 견해에 부합하는 정보만 받아들이고 그 외의 정보는 의도적으로 무시하는 경향)

◇ **7. 앵커링 효과(Anchoring effect)**
(처음 접한 정보에 지나치게 의미를 부여해 사람이나 사물을 판단하는 경향)

◇ **8. 허위 합의 효과(False consensus effect)**
(자신의 의견, 취향, 선호가 보편적으로 통용되고 있다고 생각하는 효과)

정답

A2, B5, C4, D7, E1, F3, G8, H6

워크숍을 망칠 수 있는 6가지 편향

1. 워크숍에서 해당 편향을 목격했던 예시를 찾아 빈칸에 적어라.
2. 퍼실리테이터로서 해당 편향에 어떻게 대응할지 이야기해 보라.
3. 마지막으로 워크숍에 가장 큰 영향을 미친다고 생각되는 편향 2가지를 골라 보라.

확증 편향

자신의 신념을 뒷받침하는 정보만을 찾고 고려하며, 그에 반하는 정보는 무시하거나 가치를 깎아내리는 매우 흔한 경향

....

....

....

이케아 효과

직접 만든 것에 더 많은 가치를 부여하는 경향

....

....

....

가용성 휴리스틱

머릿속에 우선적으로 떠오르는 정보를 토대로 결정을 내리는 경향

....

....

....

이기적 편향

성공은 자신의 공으로 돌리고 실패는 외부의 불리한 요인을 탓하는 경향

....

....

....

신념 편향

자신의 신념과 부합하는지에 따라 생각이나 주장을 판단하는 경향

....

....

....

현상 유지 편향

변화를 손해라고 여기며 현상 그대로 유지되기를 선호하는 경향

....

....

....

편향 방지하기

인지 편향은 자동으로 일어나기에 피한다는 건 거의 불가능하다. 우리의 인지 능력에 한계가 있기 때문에 존재하는 정신적 지름길이다. 따라서 편향을 고칠 수 있다고 생각한다면 오산이다. 그렇다면 적당한 때에 우리의 뇌를 편향에서 벗어나게 하는 방법에는 어떤 것이 있을까?

개인 차원의 방지책

- 일상 속에 편향이 존재한다는 사실을 인식하라.
- 열린 마음을 갖되, 비판적으로 사고하라.
- 팩트풀니스를 발견하라(다음 페이지에서 얘기할 예정이다!).
- 다른 시각을 가진 사람의 생각과 나의 생각을 비교하라.
- 나의 감정을 인지하라. 감정이 일부 편향을 일으킬 수 있다.
- 속도를 늦춰라.

집단 차원의 방지책

- 다양성이 높은 집단을 만들어라.
- 의견을 자유롭게 개진하고 건설적인 갈등이 자연스레 일어나도록 조직의 포용성을 강화하라.
- 구성원이 서로 영향을 주고받지 못하도록, 하지만 자신의 생각에 갇히지도 않게끔 개인 시간과 단체 시간을 번갈아 배치하라.
- 편향이 존재한다는 걸 집단에 인지시켜라.

퍼실리테이터를 위한 조언

중요한 결정을 내릴 때 누군가에게 모든 아이디어에 이의를 제기해 달라고 요청하라! 논리의 허점을 찾는 사람을 늘 곁에 두는 것이다. 만약 여러분이 미리 설정한 방향으로 조직을 이끌기 위해 편향에 대한 지식을 이용한다면 여러분은 퍼실리테이션의 틀을 벗어난 것이다. 그것은 조직의 결정이 아닌 여러분의 결정이기 때문이다.

팩트풀니스

사실적인 특성을 띠며, 오로지 사실의 영역에 속한다.

한스 로슬링(Hans Rosling)의 《팩트풀니스》에서 발췌한 7가지 질문

1. 세계 모든 저소득 국가에서 초등학교를 나온 여성은 얼마나 될까?

A: 20% B: 10% C: 60%

2. 세계 인구의 다수는 어느 국가에 살까?

A: 저소득 국가 B: 중소득 국가 C: 고소득 국가

3. 지난 20년간 극심한 빈곤을 겪은 세계 인구의 비율은?

A: 거의 2배 증가했다. B: 거의 같다. C: 절반가량 줄었다.

4. 오늘날 세계 평균 수명은 몇 세일까?

A: 50세 B: 60세 C: 70세

5. 오늘날 0~15세 아동은 20억 명이다. 유엔이 예상하는 2100년의 아동 인구는 몇 명일까?

A: 40억 B: 30억 C: 20억

6. 지난 100년 동안 연간 자연재해 사망자 수는 어떻게 변했을까?

A: 2배 이상 증가했다. B: 거의 같다. C: 절반 이상 줄었다.

7. 전 세계적으로 30세 남성은 평균 10년 동안 학교를 다녔다. 그렇다면 30세 여성은 평균 몇 년 동안 학교를 다녔을까?

A: 9년 B: 6년 C: 3년

한스 로슬링의 퀴즈에 무작위로 답한 침팬지는 대다수의 인간보다도 높은 점수를 받았다. 2015년 1월 다보스에 모인 경제계 엘리트들도 세계 인구 증가에 대한 예측에서 침팬지에게 패하고 말았다….

정답

1C, 2B, 3C, 4C, 5C, 6C, 7A

10가지 본능적 사고와 그에 대항하는 법

조직이 본능적인 사고에서 빠져나올 수 있도록 돕고 올바른 질문을 던질 수 있게 이끌어라! 다루고 있는 문제에 대해 사실에 근거한 시각을 가지도록 인도하라!

단절

모든 것을 이분법적으로 보는 경향. 현실은 대개 모든 것이 끊임없이 이어져 있기에 흑백 논리와는 매우 다르다. 대부분의 사람들이 어디에 있는지 보라. 그편이 보통 가장 간단하다.

일반화

일반화는 요긴하게 사용되는 본능이고, 덕분에 우리의 뇌는 빠른 판단을 내릴 수 있다.
하지만 우리가 잘못된 생각을 하게 만드는 원인이기도 하다. 무의식적으로 내리는 판단을 경계하라!

비관주의

부정적인 것을 훨씬 빠르게, 긍정적인 것을 한발 느리게 인식하는 능력. 곧장 부정적인 것을 보기보다는 좋지 않은 소식이 올 수 있음을 받아들여라.

운명

조직과 문화가 처한 상황을 운명 탓으로 돌리는 경향은 우리가 세상을 이해하는 데 걸림돌이 되고, 세상에 대한 인식을 왜곡한다. 모두에게 일어날 수 있는 일이라는 생각을 가져라.

직선

모든 일이 항상 직선으로 나아가는 것은 아니다. 예측보다 추세에 더 관심을 가져라.

유일무이한 관점

만약 아이에게 망치를 건넨다면 아이 눈에는 모든 게 못으로 보일 것이다. 우리는 종종 단 하나의 시각에 종속되곤 한다. 관점을 바꿔라!

두려움

우리는 위협으로부터 스스로를 보호하기 위해 본능적으로, 심지어 아무 이유 없이 두려움을 느낀다. 리스크를 계산하라.

비난

우리는 간단한 설명을 찾고 싶은 마음에 결국 희생양을 찾아 나선다. 단 한 명의 악인을 찾기보다 주된 원인에 초점을 맞추고 세상에 대한 이해를 높여라.

사이즈

외따로 떨어져 있는 숫자를 중요시하는 경향. 다른 숫자와 비교하는 경우가 아니라면 대부분의 경우 숫자 하나로는 아무것도 알아낼 수가 없다. 여러 가지를 비교하라!

긴급

우리는 지속적으로 행동에 나서라는 요구를 받는다. 하지만 이러한 요구는 종종 우리의 판단을 흐리고 세상에 대한 우리의 비전을 왜곡한다. 점진적으로 행동하며 과잉 반응을 피하라.

이 중 여러분이 겪었던 것이 있는가? 만약 있다면, 어떻게 극복했는가?

다중지능

1983년 하워드 가드너(Howard Gardner) 교수는 다중지능이론(Multiple intelligence theory)을 통해 인간은 여러 유형의 지능을 가지고 있기에 지능은 단일 유형이 아니며 IQ로 판단할 수도 없다고 주장했다. 연구로 증명되지는 않았지만, 가드너 교수의 이론은 예측 불가능한 상황에 대처하는 인간의 능력에 대해 새로운 시각을 제시했다는 점에서 매우 중요하다. 이 이론이 우리의 마음에 든 이유는 IQ만으로 해결하기에 분명한 한계가 있는 복잡한 문제를 풀기 위해서는 여러 보완적인 능력이 필요하다고 강조하기 때문이다.

화성 미션

여러분에게 다중지능이 부각되는 문제를 하나 내겠다. 여러분은 1년 동안 화성에 거주하는 미션을 성공시키기 위해 팀을 꾸렸고, 이제 막 화성에 착륙할 참이다. 다중지능은 어떻게 사용될까?

공간 지능

공간을 지각하고 세상을 상상하는 능력(화가, 사진사, 건축가, 비행사)

- 새로운 생태 지도 그리기
- ....
- ....

논리수학 지능

이론적으로 추리하고, 계산하고, 셈하고, 문제를 해결하는 능력(과학자, 엔지니어 등)

- 수많은 논리적 쟁점이 충돌할 것이다!
- ....
- ....

대인관계 지능

타인과 함께 행동하고 반응하며, 돕고, 협력하고, 나누는 능력(정치인, 선생님, 상인, 사회복지사 등)

- 화성에 착륙한 이 팀은 외부와의 교류가 없을 것이므로 내부에서 관계를 형성해야 한다.
- ....

구어-언어적 지능

사고하고, 이해하고, 의견을 개진하고, 새로운 언어를 배우는 능력(작가, 시인, 번역가 등)

- 우리의 모험을 기록으로 남겨야 할 것이다.
- ....
- ....

자기이해 지능 자기 자신을 알고, 성찰하고, 직관을 발휘하는 능력 (연구원, 기업가 등) • 이들은 자신들이 무엇을 찾고자 하는지 알고 있다. • .... •	**음악 지능** 음악과 리듬을 분간하고, 해석하고, 창조하는 능력 (작곡가, 가수 등) • 음악 지능은 우리의 고요한 순간들을 채워 줄 것이다. • ....
자연관찰 지능 자연을 관찰하고, 분별하고, 분류하는 능력(식물학자, 탐험가, 농부...) • 현지에서 먹는 문제를 해결해야 하기 때문에 뭐든 돋아나도록 해야 한다! •	**신체활동 지능** 자신의 몸을 쓰고, 육체적으로 표현하는 능력(댄서, 운동선수, 외과의사...) • 가끔 로켓의 제어 장치를 조작해야 한다. • .... • ....
실존적 지능 사물의 의미와 기원에 대한 질문을 던지고, 인간의 기원과 운명에 대해 사고하는 능력 • 실존적 지능은 이번 탐험에 의미를 부여한다. • .... •	**집단 지성** 조직의 힘이 개인의 힘을 합친 것보다 클 때 발휘되는 능력 • 이번 미션은 모두가 힘을 합쳐야만 가능할 것이다. • .... • ....

빈칸을 채우는 김에,

1. 가장 뛰어나다고 생각되는 본인의 지능 세 가지에 동그라미를 쳐라.
2. 자신과 가장 거리가 먼 지능 세 가지를 지워라.
3. 자신의 지능을 가장 잘 보완해 줄 수 있다고 생각되는 지능 세 가지를 생각해 보라.

이 내용이 퍼실리테이션과 무슨 관련이 있냐고? 모든 사람은 영리하다…. 자기만의 방식대로 말이다! 공동의 목표 달성을 위해 각자 자신의 자리를 찾고 기여할 수 있는 공간을 만들려면 조직 구성원 간의 보완성을 강조하거나 이용해야 한다. 위 표는 보완성을 시각화하는 도구이자 반대로 조직 내의 보완성 부재, 그로 인해 발생할 수 있는 어려움을 드러내 주는 강력한 도구다.

감정

감정은 우리의 성격에서 중대한 역할을 맡고 있다. 감정이 성격에서 차지하는 부분이 워낙 크기 때문에 우리의 선택뿐만 아니라 행동도 감정에 좌우된다.

감정, 그게 뭐꼬?

감정이라는 단어는 '움직이게 하다'라는 뜻의 라틴어 'emovere'에서 유래했다. 감정은 즉각적으로 나타나는 생리학적 반응이다. 우리의 다섯 가지 감각 중 하나 혹은 그 이상이 포착한 환경의 자극에 대한 반사 작용과 같다. 감정은 생리학적 반응을 통해 몸이 우리에게 보내는 정보다.

생존 논리

감정은 오래전부터 우리에게 꼭 필요한 요소였다. 감정 덕분에 이토록 오래 생존하고 발전할 수 있었다. 예를 들어 우리는 두려움을 느끼면 도망치고, 공격하거나 (포식자로부터 도망치기 위해 '죽은 척하는' 동물처럼) 굳어 버린다. 분노는 자신의 영역을 지키기 위해 필요한 에너지를 끄집어낸다. 기쁨은 사회에서 관계를 맺도록 도와주고, 슬픔은 공감을 불러일으키기도, 놓쳤던 관계를 다시 맺을 수 있게 해 주기도 한다.

감정 촉발 요인

감정은 다음 요인에 의해 촉발될 수 있다.

- 외부 자극(눈앞에 위험한 상황이 벌어지고 있고, 난 겁이 난다)
- 심적 표상(기억을 떠올리거나 다가올 일을 생각한다)
- 내부 화학적 요인(예를 들어 알코올 중독자는 화를 더 쉽게 낸다)

강렬한 감정을 느꼈던 때를 떠올려라. 특별히 떠오르는 순간이 없다면 마지막으로 영화 <밤비>를 봤을 때를 생각해 보라(스포일러 주의: 밤비의 엄마가 죽는다…).

어떤 감정을 느꼈나?	그 감정을 어떤 형태로 느꼈는가 (아랫배 통증, 긴장, 땀…)?	그 감정을 촉발한 요인은 무엇인가?
…………	…………	…………
…………	…………	…………
…………	…………	…………

폴 에크먼(Paul Ekman)을 포함해 여러 심리학자들은 성격의 이러한 면을 연구하여 인간의 보편적인 기본 정서를 6가지(행복, 슬픔, 혐오, 두려움, 분노, 놀람)로 분류했다. 사회는 우리 인간에게 로봇처럼 행동하고 감정을 끊어 낼 것을 지나치게 자주 요구한다. 그러나 감정을 느끼는 일, 특히 감정을 표현하는 일은 우리의 본능에 완전히 녹아 있다. 여러분 중 픽사의 애니메이션 <인사이드 아웃>을 보지 않은 사람이 있다면 꼭 한번 보기를 추천한다. 자신의 감정을 (다시) 배우고, 표현하고, 받아들이는 법을 배울 수 있을 것이다.

빈칸이 뚫려 있는 … 감정 표다! 표를 완성하라!

	A. 행복	B. 슬픔	C. 혐오	D. 두려움	E. 분노
1. 두려움	놀람		반감	공포	
2.	당황	자기혐오	편견	반감	불쾌
3. 슬픔	우울		자기혐오		배반
4. 행복		우울	당황	놀람	올곧음
5.	올곧음	배반	불쾌		격분

감정이 우리 일상의 중심을 이루고 있으며, 심지어 '보편적'이라고 칭해지는 다섯 가지 기본 정서만으로도 매우 다양하게 나타난다는 사실을 알 수 있다. 상호 작용하고자 하는 인간의 본성과 주제가 지닌 중요성은 워크숍이나 회의를 감정적으로 풍성하게 만든다. 감정 이해는 퍼실리테이터에게 실질적인 도움이 된다.

정답

2. 혐오 / 5. 분노 / A4: 환희 / B1: 긴장 / B3: 절망 / D3: 긴장/ D5: 증오 / E1: 증오

정서 지능

정서 지능(Emotional intelligence)은 1990년 심리학자 피터 셀러비(Peter Salovey)와 존 메이어(John Mayer)가 제안한 개념으로 자신의 감정을 인지, 이해 및 제어하고, 타인의 감정과 타협하는 능력을 일컫는다. 이후 정서 지능의 개념은 1995년 다니엘 골먼(Daniel Goleman)의 《EQ감성 지능》으로 널리 알려졌다.

다중지능과 연결 지어 본다면 정서 지능은 자기이해 지능과 대인관계 지능을 포괄한다. 왜 이런 이야기를 하냐고? 참가자들과 마찬가지로 퍼실리테이터도 정서 지능을 가장 많이 사용하기 때문이다. 이해하고 훈련하는 데는 긴 시간이 걸리지만 반드시 필요하고 흥미로운 일이다!

정서 지능에는 여러 가지 모델이 있다. 여러분을 위해 다가가기 좀 더 수월하고 여전히 시사성이 있는 셀러비와 메이어의 모델을 선택했다.

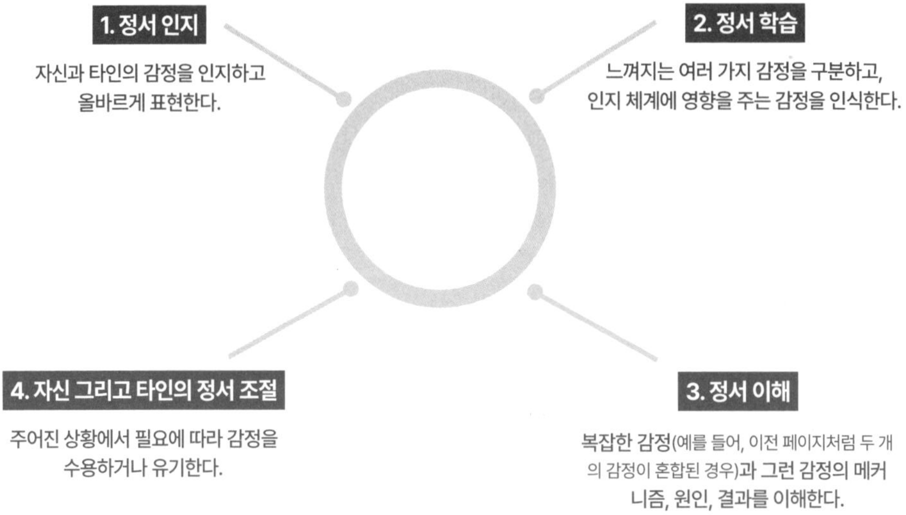

1. 정서 인지
자신과 타인의 감정을 인지하고 올바르게 표현한다.
2. 정서 학습
느껴지는 여러 가지 감정을 구분하고, 인지 체계에 영향을 주는 감정을 인식한다.
3. 정서 이해
복잡한 감정(예를 들어, 이전 페이지처럼 두 개의 감정이 혼합된 경우)과 그런 감정의 메커니즘, 원인, 결과를 이해한다.
4. 자신 그리고 타인의 정서 조절
주어진 상황에서 필요에 따라 감정을 수용하거나 유기한다.

정서전이와 거울뉴런

모든 인간은 정서전이(Emotional contagion)의 매개체다. 구체적으로 보자면 여러분이 부정적인 감정에 빠져 뾰로통한 얼굴로 워크숍 장소에 도착한다면 전반적인 분위기가 가볍고 즐거울 가능성은 거의 없다. 이러한 정서전이를 일으키는 요인은 바로 거울뉴런(Mirror neuron)이다. 거울뉴런은 한 개체가 행동을 취할 때 그리고 (특히 같은 종의) 다른 개체가 같은 행동을 하는 것을 볼 때, 혹은 그러한 행동을 상상할 때 활성화되는 뇌의 뉴런이다. 이것이 '거울'이라는 용어가 쓰인 이유다. 거울 뉴런은 하품을 전파하는 것으로도 알려져 있으며 공감과 같은 감정 프로세스에도 영향을 미친다. 시험해 볼 텐가?

한번 상상해 보라. 빵을 사러 갔는데 점원이 기분 나쁜 표정을 하고 있다.
기분이 어떤가? 그때 여러분의 감정은 무엇인가?

....

....

다른 날 같은 빵집에 갔는데 점원의 표정이 밝다. 기분이 어떤가?
그때 여러분의 감정은 무엇인가?

....

....

마지막으로 여전히 또 같은 빵집이다(빵을 좋아한다면 그럴 수 있다…).
여러분은 바쁜 탓에 표정이 좋지 않다. 점원이 여러분을 처음 보는 경우라면 점원은 어떻게 행동할까?

....

....

여러분은 다른 모든 참가자들처럼 말을 하지 않고도 많은 것을 전달하고 조직에 영향을 미친다. 긍정적인 감정을 전달하라.

포옹 치료

매우 진지한 한 연구*에 따르면,

- 살아남기 위해서는 하루에 4번의 포옹이 필요하다.
- 활동하기 위해서는 하루에 8번의 포옹이 필요하다.
- 성장하기 위해서는 하루에 12번의 포옹이 필요하다.

이 페이지에서는 휴식을 취하고 적어도 두 번의 포옹을 하라.

출처: 알 수 없음./횟수: 적당히 알아서 할 것.

의심스럽다고? 포옹하라!

그럴 마음이 없다면 다음 페이지로 넘어가도 좋다.

* 미국의 심리 치료사 버지니아 사티어(Virginia Satir)의 말 인용.
여러분은 어떨지 모르지만 우리는 마음에 쏙 든다.

동기부여

포옹 치료 시간이 마음에 들었기를 바란다! 포옹은 동기부여에도 상당한 영향을 미치는 것으로 보인다. 여러분은 무엇으로부터 동기부여를 받는가? 여러분은 누구와 함께일 때 발전하는가? 당근과 채찍도 좋지만 그 방법에는 다소 한계가 있다.

작가이자 기자인 다니엘 핑크(Daniel Pink)는 오늘날의 조직 운영 방식이 시대에 뒤처졌다고 주장하며 상급자의 당근과 채찍 용법이 인간의 행동을 유발한다는, 널리 받아들여진 생각을 뒤흔든다. 그는 직원에게 동기를 부여하는 세 가지 시스템을 소개하며, 각각의 시스템에 '1.0', '2.0', '3.0'이라는 이름을 붙였다. 여러분이 지향할 시스템은 동기부여 3.0이다.

여러분은 당근과 내적 동기 중 어느 쪽에 더 끌리는가?

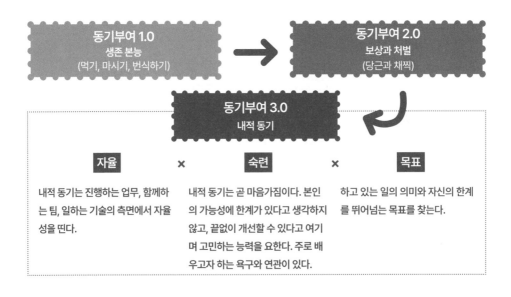

동기부여 1.0
생존 본능
(먹기, 마시기, 번식하기)

→

동기부여 2.0
보상과 처벌
(당근과 채찍)

↓

동기부여 3.0
내적 동기

자율 × **숙련** × **목표**

자율: 내적 동기는 진행하는 업무, 함께하는 팀, 일하는 기술의 측면에서 자율성을 띤다.

숙련: 내적 동기는 곧 마음가짐이다. 본인의 가능성에 한계가 있다고 생각하지 않고, 끝없이 개선할 수 있다고 여기며 고민하는 능력을 요한다. 주로 배우고자 하는 욕구와 연관이 있다.

목표: 하고 있는 일의 의미와 자신의 한계를 뛰어넘는 목표를 찾는다.

다음 워크숍에서 참가자들의 동기부여를 강화하기 위해 퍼실리테이터 스스로 던질 질문 리스트

◇ 참가자들은 자율적으로 행동하는가?

◇ 참가자들은 본인이 원하는 대로 시간을 관리할 수 있는가?

◇ 참가자들이 원하는 사람들과 일할 수 있었는가?

◇ 참가자들이 바라던 대로 무언가를 얻었는가?

◇ 주어진 일이 지나치게 어렵거나 쉽지는 않은가?

◇ 궁극적인 목표가 참가자 모두에게 의미를 지니는가?

플로우(Flow) 테스트

다른 사람에게 동기를 부여한다는 건 매우 대단한 일이지만 이는 여러분 스스로 동기부여가 되어 있을 때에만 가능하다! 그렇지 않다면 이야기는 조금 달라질 수 있다! 그런 경우에 무슨 일이 벌어질까?

다음 일주일 동안 매일 휴대폰에 알람 6개를 서로 다른 시간에 울리도록 설정하라. 그리고 알람이 울릴 때마다 다음 세 가지 질문에 답해 보라.

◇ 무엇을 하고 있는가? 기분이 어떤가? 본인이 지금 하고 있는 일에 몰입하고 있다고 느끼는가?

한 주가 끝나면 다음 질문에 답하라.

◇ 본인이 몰입하고 있던 때에 본인은 어디에 있었는가?

◇ 누구와 있었는가? 무엇을 하고 있었는가?

◇ 본인이 행복감을 조금 더 쉽게 느끼는 특정 시간이 있는가?

◇ 하루 스케줄을 재조정하기 위해 실천에 옮길 수 있는 행동이 있다면?

◇ 하루 동안 행복한 시간을 늘릴 수 있는 행동을 적어라.

◇ 어떤 교훈을 얻었는가?

◇ 본인이 내적 동기부여를 받는 근원은 무엇인가?

DISC 행동 유형 검사

DISC 검사는 개인의 심리 유형을 알려 주는 평가 도구다. 월터 버논 클라크(Walter Vernon Clarke)가 개발한 DISC 검사는 1928년 심리학자 윌리엄 몰턴 마스턴(William Moulton Marston)이 고안한 DISC 이론을 바탕으로 한다.

검사의 네 가지 주요 유형인 주도형(Dominance), 사교형(Influence), 안정형(Steadiness), 신중형(Compliance)의 알파벳 앞 글자를 각각 따왔다. 각 유형에는 저마다의 색깔이 있다. 마스턴에 따르면 네 가지 유형은 개인이 직장에서 혹은 개인 시간을 보내는 동안의 어느 특정 순간에 주어진 상황에서 보이는 행동을 설명해 준다. DISC 검사가 인간의 행동 유형을 분석해 주기는 하지만 이것은 적성 검사나 성격 검사, 개인의 가치관을 평가하는 검사가 아니며 절대적인 진리도 아니다. 우리는 인간으로서 네 가지 특징을 모두 가지고 있지만 환경에 따라 더 두드러지는 '주요' 색깔이 있을 뿐이다. 특별히 나쁜 색깔이랄 것도 없다. 모든 유형은 저마다의 강점과 약점이 있다.

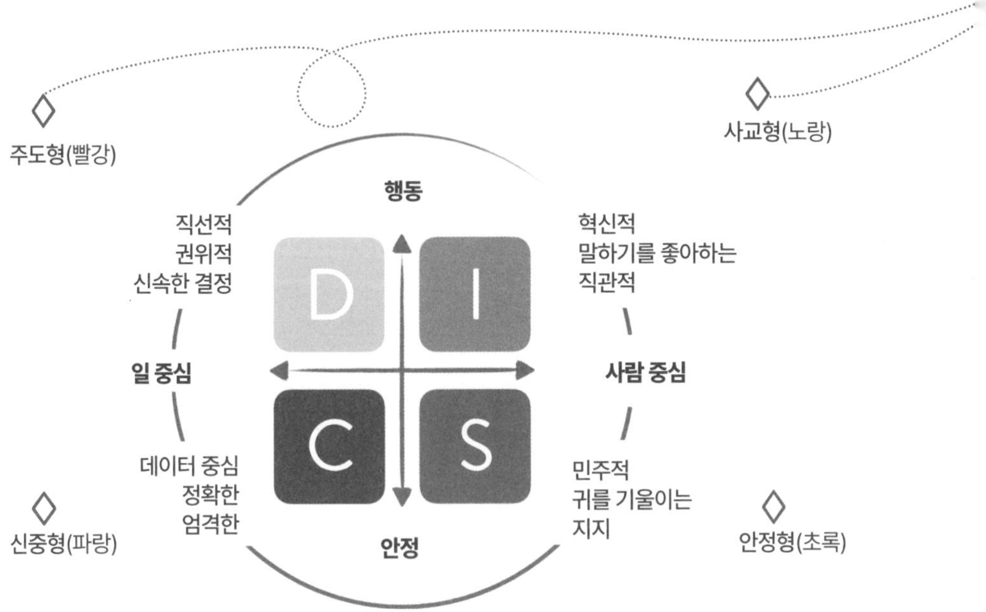

반지 원정대 멤버들이 절대 반지를 찾으며 보이는 행동을 보고
멤버별로 가장 알맞다고 생각되는 유형에 연결하라.

DISC 유형은 절대적인 진리가 아니며 그저 인식을 위한 하나의 방법이라는
사실을 잊지 말 것!

◇ **프로도 배긴스**

◇ **샘 겜지**

◇ **페레그린 툭**(피핀)

◇ **메리아독 브랜디벅**(메리)

◇ **아라곤**

◇ **보로미르**

◇ **레골라스**

◇ **김리**

◇ **간달프**

무엇을 발견했는가? 멤버들의 유형은 모두 같은가 혹은 다른가?

....

....

....

....

....

....

여러분은 퍼실리테이션을 매개로 뒤죽박죽인 상황에 처한 여러 조직을 만날 것이다. 위 도표는 여러분이 참가자들을 고려하며 퍼실리테이팅하고, 깨달은 바를 바탕으로 상황에 적응할 수 있도록 도와줄 것이다.

창의성

초대 손님: 《또 창의성에 대한 빌어 책(Encore un p***** de bouquin sur la créativité)》의 저자이자 프리랜서 퍼실리테이터 집단 코디자인잇(Codesign-it)의 협업 혁신 전문가인 고티에 엘로코(Gauthier Helloco)**

퍼실리테이션에서 자주 내세우는 개념인 창의성은 그 자체로는 절대 퍼실리테이션의 목적이 될 수 없다. 창의성은 조직에서 피어나는 아이디어에 정성껏 공간을 만들고 활기를 불어넣기 위해 조직해야 하는 핵심적인 부분이다. '도움을 주는 것'이 그 존재 이유이다.

창의성은 주어진 상황에서 유용한 해결책을 고안해 낸다. 이를 위해서는 두 가지 측면을 고려해야 한다.

- 틀 혹은 맥락
- 제약 사항(의사 결정에 도움이 되는 기준들과 구분된다)

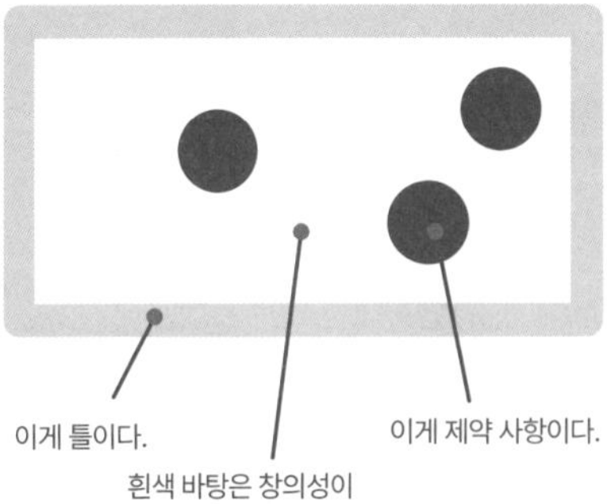
이게 틀이다.
흰색 바탕은 창의성이 발휘되는 공간이다.
이게 제약 사항이다.

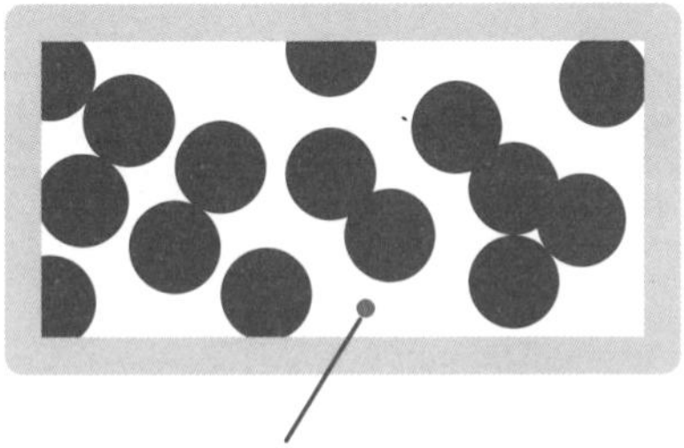
물론 여러분이 쓸 사고의 공간과 제약 사항 간에 알맞은 균형을 찾아야 한다. 만약 제약 사항이 긍정적으로 받아들여진다면 여유 공간이 있다는 뜻이다. 그렇지 않다면 반대로 제약 사항이 공간을 먹어 치우고 있는 셈이다!

여러분에게 비밀 아닌 비밀 두 가지를 공유하겠다.

1. 우리는 창의성을 재미 혹은 온갖 견해가 난무하는 독창적인 생각과 지나치게 연결 짓곤 한다. 하지만 이는 우리가 창의성이라고 일컫는 것의 일부분일 뿐이다.

2. 잘 다듬어진 좋은 질문을 던진다면 창의성은 강력한 힘을 발휘한다.

다음 질문 가운데 해결하고 싶은 마음이 들게 만드는 보기에 동그라미 쳐라.

A. 나에게 제안할 아이디어가 있는가?

B. 내가 오늘 저녁을 직접 만들어 먹게 할 아이디어가 있는가?

C. 어떻게 하면 내가 10유로의 예산으로 오늘 저녁을 만들어 3명에게 대접할 수 있을까? 손님 중에는 글루텐을 먹지 못하는 사람이 한 명 있다.

D. 어떻게 하면 내가 10유로의 예산으로 오늘 저녁을 만들며 행복감을 느끼는 동시에 머릿결을 부드럽게 만들고, 또 각각 다른 시간에 도착하지만 그럼에도 따뜻한 음식을 먹고 싶어 하는 손님들을 만족시킬 수 있을까?

정답

A. '도대체 뭘 위해서?'라는 생각이 들 것이다. 질문에 명확한 틀과 의도가 빠져 있다.
B. 질문에 의도도, 틀도 들어 있다. 하지만 여러분의 뇌는 더 많은 정보를 요구할 것이다! 제약 사항이 없기 때문이다. 범위가 너무나 넓어 어디서부터 시작해야 할지, 어느 방향으로 가야 할지 알 수가 없다.
D. 다뤄야 할 제약 사항이 지나치게 많으면 사고할 수 있는 공간이 그냥 쪼그라들어 버린다 (그렇다, 뭐, 이건 거의 입찰 공고문 수준 아닌가!).

창의성

SOIF 모델은 여러분을 창의성의 세계로 안내해 준다. 창의성은 단순히 짧은 시간 동안 번뜩이는 것으로 볼 수도 없고, 브레인스토밍으로 보기는 더더욱 어렵다. 아이디어가 변모하고, 질문에서 해결책으로 나아가는 것이 중요하다. SOIF 모델은 대부분의 혁신적인 방법에서 보이는 여러 단계를 간소화한다.

SOIF 모델

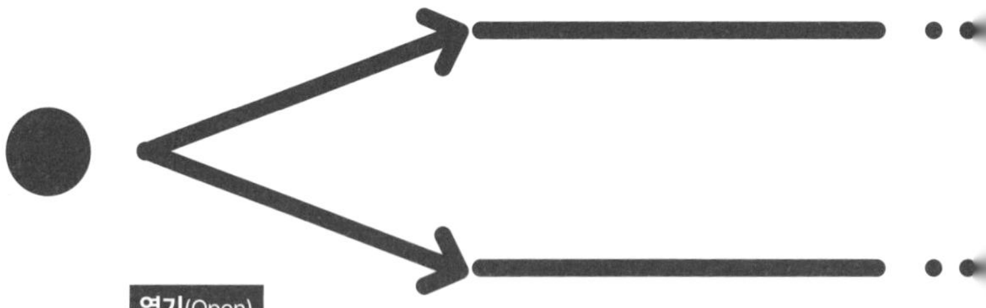

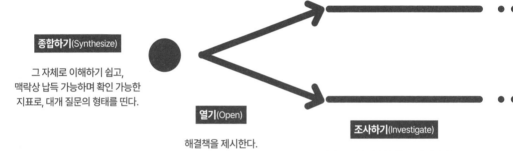

종합하기(Synthesize)

그 자체로 이해하기 쉽고,
맥락상 납득 가능하며 확인 가능한
지표로, 대개 질문의 형태를 띤다.

열기(Open)

해결책을 제시한다.

조사하기(Investigate)

맥락 속에서 가능한 한 가장 객관적으로
해결책을 이해하고 다룬다.

SOIF 모델에 따라 옷 입기

종합하기: 오늘 아침 무슨 옷을 입을까?

열기: 스웨터 아니면 셔츠?

조사하기: 바깥 날씨를 보고 더 적절한 선택을 내려 보자.

닫기: 하늘 색깔을 보아하니 스웨터를 입는 게 낫겠다.

다시 종합하기: 스웨터를 입는다. 상황 종료.

'창의적인 압박'의 역설을 경계하라!

새롭거나 독창적인 것을 찾다 보면 누군가에게 재밌는 이야기를 들려달라고 하게 된다. 물론 그 기준은 여전히 주관적이다.

창의성을 발휘하는 시간에 새롭거나 독창적인 것보다 더 중요한 건 매끄럽게 해결책을 제시하고 발전시키는 조직의 능력이다. 아이디어는 다음에 취할 행동의 시작에 불과하다.

독창성이란 좀 더 시야를 넓히고, 기술을 지나치게 남용하지 않으면서 맹렬하게 탐구하는 것이다(그렇지 않으면 너무 많은 제약을 두게 된다).

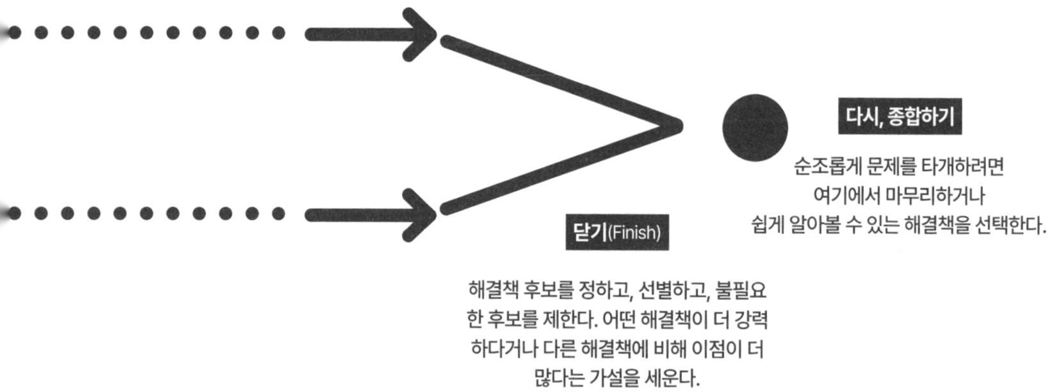

다시, 종합하기
순조롭게 문제를 타개하려면
여기에서 마무리하거나
쉽게 알아볼 수 있는 해결책을 선택한다.
닫기(Finish)
해결책 후보를 정하고, 선별하고, 불필요
한 후보를 제한다. 어떤 해결책이 더 강력
하다거나 다른 해결책에 비해 이점이 더
많다는 가설을 세운다.

자, 여러분 차례다!

파트너를 찾아 10분 동안 다음 질문과 관련해 떠오르는 모든 아이디어를 찾아라.

"어떻게 하면 이 책을 2번 접을 수 있을까?"

퍼실리테이션 액티비티 ②

수학 교수들을 골머리 앓게 한 8세 아동용 문제다.

아래 그림의 빈칸을 채울 수 있겠는가? 승부욕이 있는 편이라면 분명 후회하게 될 것이다!

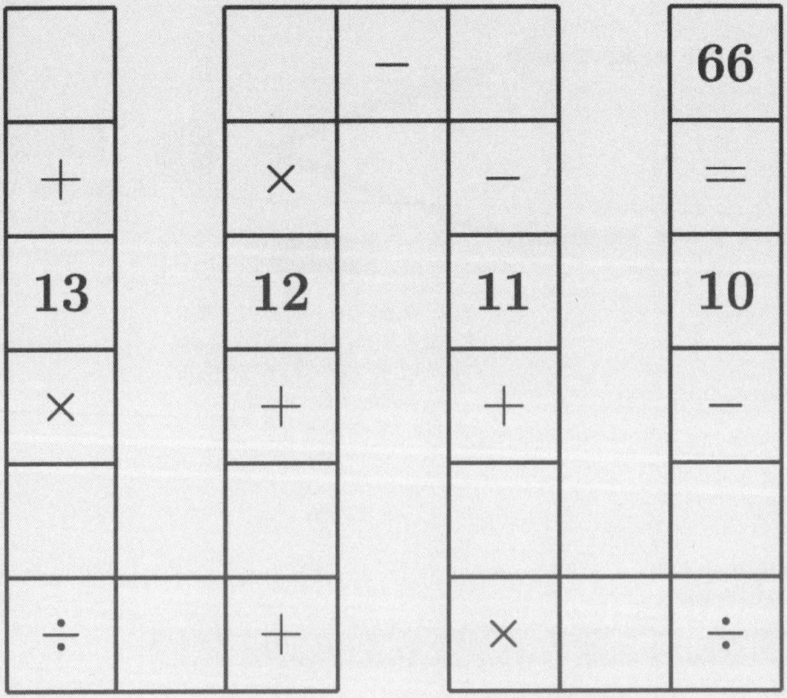

이번 장에서 얻은 핵심 아이디어 5가지

#1 .... #2 .... #3 ....

#4 .... #5 ....

여권에 도장 찍기

본인의 것으로 흡수한 개념의 도장을 연필로 따라 그려 보라.

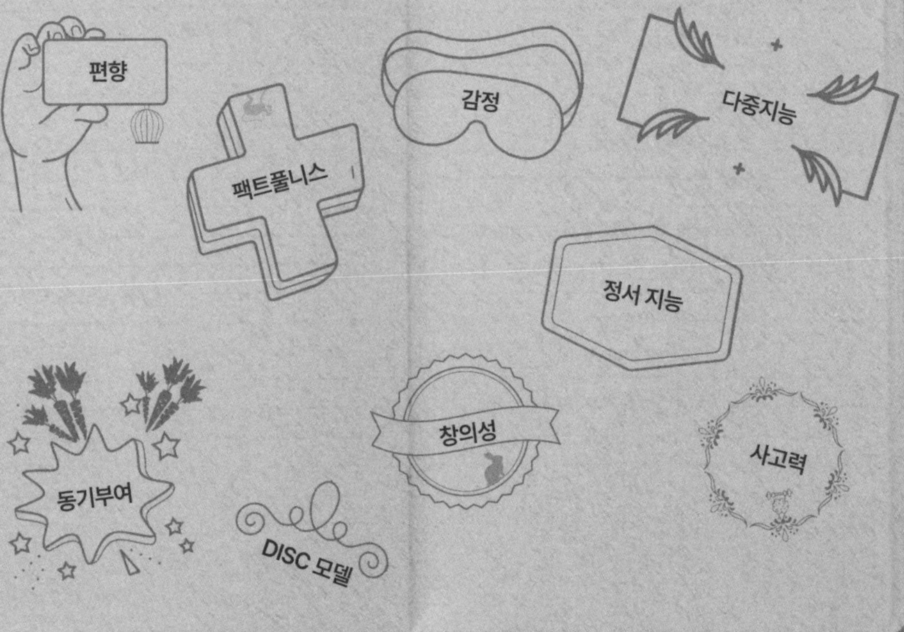

퍼실리테이션 액티비티 ②의 정답

매우 간단한 정답을 포함해 총 두 가지 답이 있다.
우리 때문에 머리에 쥐가 나지 않았기를 바라며...

5		2	-	1		66
+		×		−		=
13		12		11		10
×		+		+		−
9		6		7		4
÷	3	+		×	8	÷

62		1	-	0		66
+		×		−		=
13		12		11		10
×		+		+		−
1		0		0		1
÷	1	+		×	1	÷

"내 언어의 한계가 내 세계의 한계다."

- 루드비히 비트겐슈타인(Ludwig Wittgenstein)

3장

여행자와 가이드의 마음가짐 및 자세 갖추기

새로운 문화, 새로운 전통 그리고 새로운 관습을 받아들일 줄 알아야 여행을 제대로 누릴 수 있다. 한 마디로 새로운 마음가짐이 필요하다. 워크숍을 퍼실리테이팅하거나 조직에 도움을 줄 때도 마찬가지다. 강렬한 인상을 남기고 참여를 이끌어 낼 수 있는, 이전과는 다른 자세를 취해야 한다. 여러분의 역할은 참가자들이 설 자리를 내주고, 의견 교환 및 자기 조직화(Self-organization)의 기회를 제공하는 동시에 의욕을 심어 주고, 활기를 불어넣고, 의미를 제시하고 참가자들을 참여시키고, 결집시키는 과업 사이에서 올바른 방향을 제시하는 것이다!

좋은 퍼실리테이터는 자신의 존재를 드러내지 않으면서 사람들의 참여를 이끌어 낼 줄 아는 사람이다. 여행을 떠나 보면 놀랍게도 여러분은 이미 어떻게 해야 할지 알고 있다! 매일의 일상을 바꾸는 것은 무엇일까? 특별한 여행자의 정신은 어떻게 얻을 수 있을까?

인터뷰

알렉산드라 스코라 Aleksandra Skora

자기소개를 해 준다면?

알렉산드라 스코라, 공인된 퍼실리테이터이자 커뮤니케이션 및 연설 전문가다. 말하기와 의사소통에 있어서 기업과 기업가의 역량 향상을 돕고 있다.

모두가 달변가가 될 수 있고 임팩트 있는 말하기를 할 수 있다고 증명하는 것이 나의 임무다. 처음에는 그렇지 않았다 해도, 걱정된다 해도 상관없다. 커뮤니케이션 능력은 타고나는 것이 아니라 모두가 학습할 수 있는 것이다! 내가 장려하고자 하는 프로페셔널한 커뮤니케이션과 발언은 호의적이고, 영향력 있고, 진실하고, 기억에 남으면서도 명확하고 구체적인 것이다. 사회에서 그리고 회사에서 모두가 서로를 존중하며 건설적이고 효율적으로 말할 수 있기를 바란다.

퍼실리테이션을 몇 가지 단어로 정의한다면??

퍼실리테이션은 섬세한 가이딩 기술이다. 퍼실리테이터는 참가자들과 함께 통과해야 하는 단계를 설정하고 마치 가이드처럼 로드맵을 준비한다. 퍼실리테이터는 사전에 정해 둔 목표로 참가자들을 안내하면서 동시에 여정 그 자체가 목표가 될 수 있다는 사실을 잊지 않아야 한다. 참가자들이 함께 공유할 수 있는 스토리와 야망을 만들고, 또 참가자들로 이루어진 집단이 하나의 팀으로 탈바꿈할 수 있는 협업 조건을 마련하는 것 역시 퍼실리테이터의 역할이다.

이러한 역할을 수행하기 위해서는 흔히 말하는 '건설적인 커뮤니케이션'을 하는 법을 배워야 한다. '건설적인 커뮤니케이션'은 프로젝트뿐 아니라 인간을 이루는 모든 소통 도구, 접근법, 방법을 포괄한다.

퍼실리테이션에서 인간의 위치는?

인간은 퍼실리테이션 프로세스의 중심에 위치한다. 물론 퍼실리테이팅하는 각 워크숍의 목표가 팀, 서비스, 상품, 스토리를 만드는 것이라는 사실을 잊어서는 안 된다. 하지만 오늘날 기술 발달과는 별개로 창의력은 여전히 구체적이고 추상적인 인간의 독보적인 영역으로 남아있다.

창의력은 상상력과 욕구, 대담함의 성과이자 인간 본연의 고유한 능력이다. 그리고 그러한 창의력을 해방시킬 수 있는 조건, 즉 과감하게 실행하고, 자신의 한계를 넘어서고, 혁신하고자 하는 마음을 불러일으키는 환경을 조성하는 것 역시 퍼실리테이터의 몫이다.

창의력이 큰 도움이 되었던 적이 있나?

놀랄 만한 순간이 자주 있다. 자신 그리고 자신을 둘러싼 현실의 새로운 면을 발견하는 인간의 능력에 놀라곤 한다. 퍼실리테이팅할 때마다 창의력에는 한계가 없다는 생각이 든다. 협업, 테스트 앤 런(Test & Learn), 그리고 공동 책임의 문화가 들어올 여지를 주기만 하면 된다.

퍼실리테이션에서 가장 좋아하는 순간은?

단체로 아이디어가 번뜩 떠오를 때다. 초반에 제시된 아이디어가 윤곽을 드러내기 시작하는 순간이다. 함께 만들어 가는 기쁨이 각자의 성격, 판단에 대한 두려움이나 개인적인 욕심이라는 장애물을 마치 마법처럼 뛰어넘기 시작한다. 집단 역학에 힘이 실리고 집단 지성이 본격적으로 모습을 드러낸다. 열정과 결의가 달아오르는 걸 느끼는 순간이다.

퍼실리테이터가 갖추어야 할 자질은?

좋은 퍼실리테이터는 자기 자신을 잘 아는 사람으로, 퍼실리테이션에 도움이 될 만한 본인의 강점을 잘 알고 있다. 경청하는 태도, 상대를 편안하게 만드는 능력, 대화 스킬, 겸손함을 예로 들 수 있겠다.

반대로 함정 한두 개를 꼽아 본다면?

퍼실리테이션은 퍼실리테이터가 전문가로서의 입장과 본인의 성격 사이를 오가는 까다로운 프로세스다. 초보 퍼실리테이터는 스스로를 관찰하며 자신이 맡은 팀의 집단 지성에 본인이 어떤 영향을 미치고 있는지 인지해야 한다. 하지만 그 여정에는 여기저기 함정이 도사리고 있다. 평상시 도움이 되던 자신의 특징들이 퍼실리테이션의 퀄리티를 낮출 수 있기 때문이다. 예를 들어 어디에서나 넘치는 에너지, 돕고 싶다는 강한 욕구, 무슨 수를 써서라도 앞으로 나아가고자 하는 의지 등이 오히려 퍼실리테이션에 좋지 않은 영향을 미칠 수 있다.

공감

공감은 사회적 지능의 한 축을 이룬다. 우리는 모두 어느 정도의 공감 능력을 가지고 태어난다. 공감은 집단 운영의 기반이다. 참가자들은 공감 덕분에 끈끈한 관계를 맺고 함께 나아간다. 여러분 역시 어느 집단을 퍼실리테이팅하게 된다면 그들과 관계를 맺고, 또 그들끼리 관계를 맺을 수 있도록 도와주는 역할을 할 것이다!

시작하기에 앞서 단어의 의미를 생각해 보자.
개념을 올바른 정의에 연결하라.

공감 A ◊ ◊1 타인의 고통을 인지하거나 느끼며, 그 고통을 해결해야 한다는 생각이 든다.

동조 B ◊ ◊2 타인이 느끼는 바를 이해하고 공명한다.

연민 C ◊ ◊3 타인의 감정에 동화되고 그 감정을 자신의 감정으로 받아들이면서 이해한다.

호의 D ◊ ◊4 타인의 안녕과 행복을 바란다.

문제를 잘 풀어 보았나? 다음으로 넘어가기 전에 여기에 오기까지 걸린 시간만큼 잠시 쉬어도 좋다. 공감은 상대방과 나 사이에 어떠한 판단이나 착오 없이 적극적이고 긍정적으로 상대방에 귀를 기울이는 것, 즉 상대방의 감정과 기분을 살피고 인정하고 이해하는 것이다. 말하자면 (정말로 다른 사람의 입장이 되어 본다는 건 불가능한 일이지만) 역지사지의 자세로 언제나 들을 준비가 되어 있다는 걸 상대방이 느끼게끔 하는 것이다.

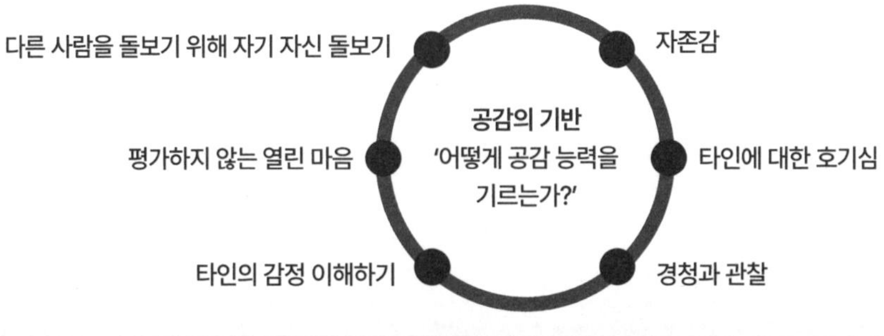

정답
A2, B3, C1, D4

평상시에도 공감 능력을 기를 수 있다. 하지만 다른 모든 능력과 마찬가지로 연습이 필요하다! 공감 능력을 훈련할 여러 도구 중 세 가지를 추천한다.

1. 자신을 들여다보기

a. 살면서 해 보고 싶은 것을 찾아라. 찾았다면 그것을 해 보고 싶은 이유 5가지를 적어라.

....

....

b. 적은 내용을 바탕으로 짧은 글을 쓰거나, 영상을 찍거나, 노래를 만들거나… 하고 싶은 것을 하면 된다. 그리고 친구 혹은 가족에게 공유하거나 소셜 미디어에 올려라.

c. 거울 속 나를 보고 크게 미소 짓고 칭찬하라.

단순하면서도 어려운 이 활동은 자존감을 높이는 데 도움이 된다.

2. 타인을 이해하기

좋아하는 퍼실리테이터에게 연락하라. 그가 일하는 동안 하루 종일 따라다녀도 괜찮은지 물어보라. 그에 대해 무엇을 배웠는가?

....

....

3. 타인과 연결되기

'따뜻한 말 샤워' 혹은 '따뜻한 말 스파' 활동을 시도하라. 우선 동료들 혹은 친구들과 모여라. 방 한가운데에 놓인 의자에 한 사람이 앉아 눈을 감는다. 차례대로 한 명씩 일어나 가운데 앉아있는 사람의 귀에 몇 마디 말, 그 사람의 장점, 공감이나 응원이 담긴 메시지를 속삭인다. 모두가 그에게 긍정적인 메시지를 슬그머니 전하고 나면 가운데 앉아 있던 사람은 자신이 느낀 바를 나누고 감사한 마음을 표현한다. 나에게 주의를 기울이는 동시에 다른 사람에게 마음을 쓰고 또 그러한 마음을 전할 수 있는 활동이다.

적극적 경청

공감 능력을 기른다는 건 적극적으로 경청한다는 것이다. 그 필요성이 점차 대두되고 있는 보편적인 생물학적 능력이 있다면 그건 바로 적극적인 경청, 즉 대답하기 위해 듣는 것이 아니라 이해하기 위해 듣는 능력이다. 하지만 우리 사회에서 귀를 기울이는 능력과 태도가 점차 자취를 감추고 있다. 사람들의 주의를 붙잡거나 사로잡는 일이 갈수록 어려워진다. 특히 워크숍에서 감정, 자신이 옳았으면 하는 혹은 전진하고 싶은 마음이 두드러질 때면 더욱 어려워진다. 퍼실리테이터의 경청 능력 만큼이나 중요한 것이 참가자들 간의 경청 능력이다. 서로가 어떻게 느끼는지 귀 기울이려 하지 않는 집단을 어떻게 퍼실리테이팅할 수 있겠는가?

흥미로운 이야기 : 중국에는 '적극적 경청'을 칭하는 말이 따로 없다.
다만 '듣다'를 뜻하는 한자에 다음과 같은 의미가 담겨 있다. 놀랍지 않은가?

경청의 10가지 규칙

1. 마음 열기
2. 중립성 지키기
3. 침묵하기
4. 관심이 있다는 시각적 혹은 언어적 신호 보내기
5. 판단하거나 의견 내지 않기
6. 생각을 분명히 하기
7. 열린 질문하기
8. 감정을 분명히 하기
9. 이해를 돕기 위해 다른 말로 표현하기
10. 종합하기

실행하기

동료나 친구, 이웃을 찾아가 지금 나라 분위기에 대해 어떻게 생각하는지 물어보라.

1. 5분 동안 말을 끊지 않고 그가 말하도록 내버려 두라.

2. 아래 빈칸을 이용해 이야기를 들으며 떠오른 질문과 명확히 했으면 하는 부분을 적어라. 5분 뒤 적어 둔 질문을 하며 토론을 재개하고 더 이해해 보려 노력하라.

이러한 연습은 정서 지능과 자신감을 길러 준다! 그뿐만 아니라 다른 사람의 말을 끊지 않고 끝까지 이야기할 때까지 기다리는, 요즘 점점 더 찾아보기 힘들어지고 있는 경청의 능력을 기를 수 있다. 퍼실리테이터의 직무를 수행한다면 사람들이 서로의 이야기를 들을 수 있게 만들어야 한다. 이 연습을 직접 한다면 여러분 역시 적극적 경청의 본보기가 되는 셈이다. 많은 것을 배울 수 있으리라 장담한다!

겸손

겸손은 자신의 부족함과 약점을 인식하고, 뽐내지 않는 사람의 감정이자 마음가짐이다. 솔직히 말해서 겸손을 다루어야 할지 말지 고민했다. 하지만 이왕 다루기로 했으니 잘 이야기해 보고 실천해 보자!

떠올림 효과(#안티-겸손)

치어리더 효과는 여러 요소로 이루어진 집합체나 여러 사람으로 구성된 집단을 볼 때 우리의 뇌가 요소 한 개, 사람 한 명을 개별적으로 인식하기보다 집합체 혹은 집단으로 자동 인식하는 편향이다. 따라서 요소 한 개 혹은 사람 한 명만 떼놓고 보면 매력을 찾기 힘들지라도 그룹효과(Group Effect)를 누린다면 우리는 비교 대상에 비해 상대적으로 훨씬 더 매력적으로 보일 수 있다. 그러니 만약 자신의 분야에서 스스로가 중요한 사람처럼 느껴진다면 본인보다 모자란 사람들과 그만 비교하라. 어떻게 해야 현실로 돌아올 수 있을지 생각하고 발전을 도모하라!

퍼실리테이션에서는 겸손하고 진실된 자세를 취해야 한다(겸손과 진실을 가장하려 하지 마라, 티가 난다). 이러한 자세를 가질 수 있게 도움을 주자면, 우선 퍼실리테이션 분야에서 존경할 수 있고 자신의 발전에 어느 정도 도움이 될 만한 사람 세 명을 꼽아라.

날개 돋친 듯 앞으로 나아갈 수 있을 것 같고 잘난 체하고 싶은 마음이 든다면 이 세 사람을 떠올리고, 여러분이 퍼실리테이팅하는 조직을 보며 더 배우기 위해 어떻게 할 수 있는지 자문하라.

겸손은 타고나는 것이 아니다. 겸손은 흔히 시간이 흐름에 따라 경험이 쌓이고 정서적으로 성숙해지며 생긴다. 사람들 틈에서 그리고 세상 속에서 자신의 상황과 위치를 인식하는 것과 같다.

그렇다면 이 책과 함께 다 같이 겸손을 연습해 보자. 좋은 신체 컨디션 유지를 위한 '7분 트레이닝'을 본떠 만든 겸손의 '7일 트레이닝'을 소개한다! 신체 컨디션이 그렇듯 겸손도 항상 겉으로 뚜렷이 드러나지는 않는다! 실천한 것에는 해당 칸에 표시하라.

'7일 트레이닝'을 할 준비가 되었는가?!

◇ 하루 동안 어떠한 지적도 하지 마라.

◇ 하루 동안 의사 결정에 있어서 결정적인 발언을 삼가라.

◇ 변명거리를 찾지 마라.

◇ 자신의 생각은 생각으로만 남겨 둬라.

◇ 이미 알고 있던 답이라 하더라도 고맙다고 말하라.

◇ 자신의 잘못을 인정하라.

◇ 자신이 가진 것에 감사하라.

◇ 누군가가 성가시게 하더라도 그에 대해 아무에게도 이야기하지 마라.

◇ 해야 할 일을 다른 사람이 제안하도록 하라.

퍼실리테이션과 무슨 상관이냐고? 겸손은 반드시 필요하다. 무슨 일이 일어날지, 공동 업무 세션에서 어떠한 결과가 나올지 알 수 없기 때문이다. 겸손이 부족하다면 조직에 적응하기 쉽지 않을 것이다. 한 가지 일러 줄 게 있다! 흔히 퍼실리테이션의 성공은 곧 팀이 거둔 성공이라고들 한다. 하지만 퍼실리테이션의 실패는 퍼실리테이터에게도 그 책임이 있다!

다른 말로 표현하기

상대방이 표현한 바를 다른 표현을 이용해 다시 말하는 것을 의미한다. 다른 말로 표현하기를 통해 그의 말을 명확히 하고, 여러분이나 조직이 잘 이해했는가를 확인할 수 있다. 필요한 경우, 상대방 역시 본인이 무슨 말을 했는지 더 뚜렷이 인식할 수 있다.

다른 말로 표현하기에는 다음과 같이 4가지 유형이 있다.

1. 상대방의 말을 반복하며 대화를 재개하기 위한 **메아리**
2. 본인의 단어를 이용해 말하며 자신이 제대로 이해했는지 확인하기 위한 **거울**
3. 들은 바를 종합하기 위한 **요약**
4. 말을 명확히 하기 위한 **명료화**

다음 예시 문장이 다른 말로 표현된 것을 보고, 각 문장이 어떤 유형에 해당되는지 찾아라.

"내게 퍼실리테이션은 어떤 조직이 결과를 낼 수 있게 돕는 것이다."

A. 바꿔 말하면 조직에게 결과를 낼 수 있는 수단을 제공하는 것이다.

B. 퍼실리테이션이 없다면 조직이 조금 더 어렵게 결과를 낼 거라고 생각하는 거지요?

C. 세 단어로 말하자면 조직을 돕는 것.

D. 나는 퍼실리테이션이 어떤 조직이 결과를 낼 수 있도록 돕는 거라고 이해했다.

다른 말로 표현하기의 요령이 있다면? 참가자들을 잘 이해시키고 목표에 얼라인되도록 하려면 참가자의 수만큼 다른 말로 표현하는 것이 좋다.

정답

A. 명료화 B. 거울 C. 요약 D. 메아리

여러분이 좋아하는 문장을 적어 보라.

....

....

떠오르는 문장이 없다면 다음 문장을 추천한다.

"펌프질을 하지 않으면서 최악의 상황이 닥치는 것보다는 위험이 닥친다 해도 펌프질을 하는 게 더 낫다."

<레 샤독(Les Shadoks)>

위 문장을 네 가지 다른 말로 표현해 보라 - 4번의 연습을 하고 나면 다른 말로 표현하기의 무궁무진한 가능성이 열릴 것이다. 단 한 번의 연습만으로는 독창성을 발휘하거나 좋은 결과를 내기에 부족하며, 결국에는 자신의 안전지대에 머물게 될 것이다.

#1 ....

....

....

#2 ....

....

....

#3 ....

....

....

#4 ....

....

....

질문하기

"왜 아이들은 열린 질문을 할까? 왜냐하면 모든 걸 알고 싶기 때문이다!
왜 어른들은 닫힌 질문을 할까? 왜냐하면 모든 걸 안다고 생각하기 때문이다!"

이브 블랑(Yves Blanc), 경청에 관한 책을 저술한 작가

질문하는 능력은 퍼실리테이터가 앞으로 나아가고, 복잡한 문제를 푸는 데 도움이 된다. 문제가 있다면… 질문하는 능력을 갖추기 위해서는 자신의 체면을 지키려는 모든 사람… 혹은 거의 모든 어른이 잃어버린 호기심을 가져야 하고 실질적으로 탐구하는 자세를 지녀야 한다는 것이다!

간단한 빙고를 할 준비가 되었는가?
회의 시간에 여러분이 해 볼 간단한 활동이다!
아래 나열된 유형의 질문을 몇 번 받았는지 세어 보라.
질문을 받을 때마다 해당되는 표에 각각 표시하라.

닫힌 질문 (예 혹은 아니요로 대답)				방향이 있는 질문 ('누구, 어디, 언제'로 시작)				열린 질문 ('왜, 어떻게, 무엇을'로 시작)				강력한 질문 (다음 페이지 참조)			
X															

우리가 이곳에 미리 표시를 해 두었다.
여러분이 회의실에 도착하자마자 "식사는 하셨어요?"라는 질문을 들을 게 뻔하기 때문이다.

어떤 결과가 나왔는가? '닫힌 질문' 카테고리에 표가 쏠릴 가능성이 크다. 왜일까? 왜냐하면 이브 블랑이 말한 것처럼 우리는 너무 오래전부터 닫힌 질문을 해 왔기 때문이다! 퍼실리테이터로서 소소한 조언을 하자면 여러분 안에 있는 여행가의 호기심을 되찾고 새로운 시각으로 주제에 접근해 보라! 열린 질문이 쏟아질 것이다.

강력한 질문

질문 유형을 모두 살펴봤는가? 그중 '강력한 질문'이라는 유형이 있다고 말한 바 있다. 많은 생각을 하게 만들어 초자연적인 침묵을 만들어 내는 질문이다! 게다가 새로운 가능성을 열어 주고… 매우 강력한 힘으로 일을 진행시킨다. 믿지 못하겠다고? 직접 해 보라!

'만약에' 질문

만약에 퍼실리테이션계의 신을 만났고, 자기 계발을 위한 소원 세 가지를 빌 수 있다고 한다면 무엇을 빌겠는가?

....

....

미래를 예상하는 질문

5년 뒤 여러분은 본인의 방 안에 있다. 직업적으로도, 개인적으로도 모든 일이 순조롭다. 지금과 비교했을 때 자신의 달라진 점이 무엇일지 설명해 볼 수 있겠나?

....

....

주어진 정보에 대한 질문

이 책을 탐독하느라 생긴 호기심을 제외하고 주변 사람들이 생각하는 본인의 장점을 적어도 5가지 말해 보라. 본인이 퍼실리테이터로 발전하는 데 있어서 그 장점들이 각각 어떤 도움이 될까?

....

....

이제 와서 말이지만 조직의 발전을 한층 더 도모하기 위해 탐구하고 던져야 할 강력한 질문 유형에는 적어도 8가지가 있다. 자, 무엇 때문에 주저하고 있는가?

침묵

본래 침묵은 말하지 않으려는 사람의 상태를 의미한다. 오늘날에는 소음, 즉 원치 않는 소리의 부재라는 뜻으로 가장 널리 통용된다. 절대적인 침묵이란 들을 수 있는 모든 소리의 부재를 가리키는 데 이는 사실상 불가능하다.

여러분이 참가자로 참석한 회의나 모임에서 각 참가자가 발언하는 동안 다른 사람이 그 사람의 말을 몇 번 끊는지 세어 보라.

몇 번인가?

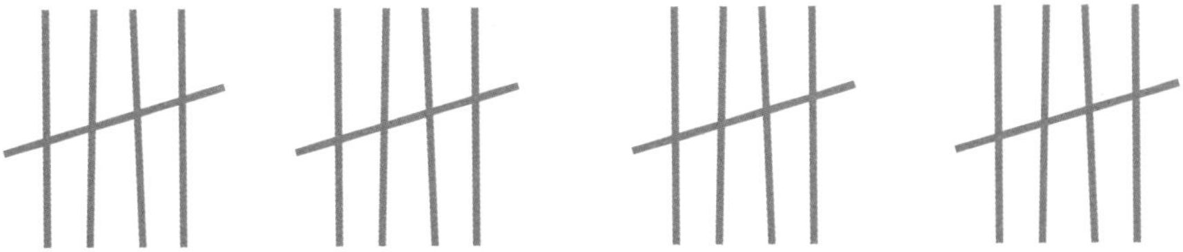

모임이 끝나고 각 참가자의 침묵하는 능력을 1부터 9까지 점수로 매겨 보라(1이 가장 낮은, 9가 가장 높은 능력치를 가리킨다).

침묵은 왜 그리 어려운 걸까?

퍼실리테이션에서 침묵에는 2가지 장점이 있다.

- 퍼실리테이터에게는 자신의 목소리를 들을 수 있는 기회를, 우리를 둘러싼 것(혹은 사람들)에 귀 기울이고 모임에서 자신의 반응을 관찰할 수 있는 기회를 제공한다.
- 참가자들에게 침묵의 시간은 막 얻은 정보를 선별하고, 이해하고, 그에 대해 생각해 본 뒤 답할 수 있는 여유를 준다.

이 책에서 가장 어려운 훈련을
하러 온 걸 환영한다! 성공했다면 우리에게 알려 달라.
우리는 거의 대부분 실패했다.

6시간 동안 침묵하기

아래 공간과 펜을 이용해 여러분의 생각, 좋았던 것과 덜 좋았던 것을 적어라.

여러분의 말문을 막히게 할 MINI QUIZ ③

목소리는 없지만 소리 지르고, 날개는 없지만 이리저리 날아다니고, 이빨은 없지만 물고,
입도 없지만 중얼거리는 것은 무엇일까?

중립성

중립성은 어떠한 생각이나 결정에 대해 그 누구의 편도 들지 않는 능력으로 내용 혹은 관계에 적용된다. 아래의 풍선 그림을 보자. 퍼실리테이터가 내용이나 관계에 개입하면 바늘이 풍선을 세게 찌르게 된다. 풍선이 터지지 않도록 조심하라!

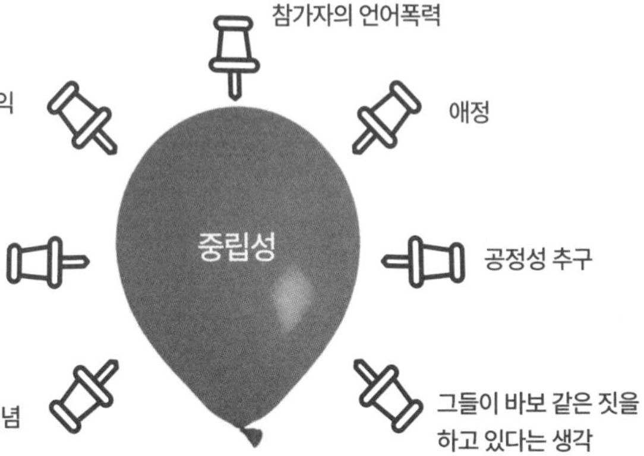

왜 퍼실리테이션에서 중립성을 추구해야 하나?

- 지금 여기에서 일어나는 일을 직면한다.
- 불확실성 속에서 조직을 이끈다.
- 조직이 책임을 회피하지 않도록 한다.
- 조직의 프로세스와 역학에 집중한다.
- 조직이 스스로 최상의 아이디어에 대한 결정을 내리도록 한다.
- 잠재적인 갈등과 거리를 둔다.

팁이 있다면? 가장 간단한 방법은 내용에 관심을 가지지 않고 다른 것, 즉 프로세스, 시간, 참가자 개인의 참여도, 의견 교류의 역학, 비언어적인 요소 등에 집중하는 것이다.

MINI QUIZ ③의 정답

바람. (J.R.R.톨킨의 《호빗》 인용)

사격 시간!

풍선을 모두 터뜨려 보라.

퍼실리테이터로서 팀과 프로젝트를 진행하며 풍선을 하나하나 직접 터뜨릴 만한 상호 작용의 예시 5가지를 들어라…. 그리고 이전에 여러분이 잘 고안했다고 생각했던 조직의 틀과 역학 관계도 적어 보라.

머뭇거리지 말고, 솔직하게!

1, 예시: "이 아이디어는 경쟁사 한 군데에서 이미 테스트했는데 처참하게 실패했죠. 이 아이디어는 뺍시다."

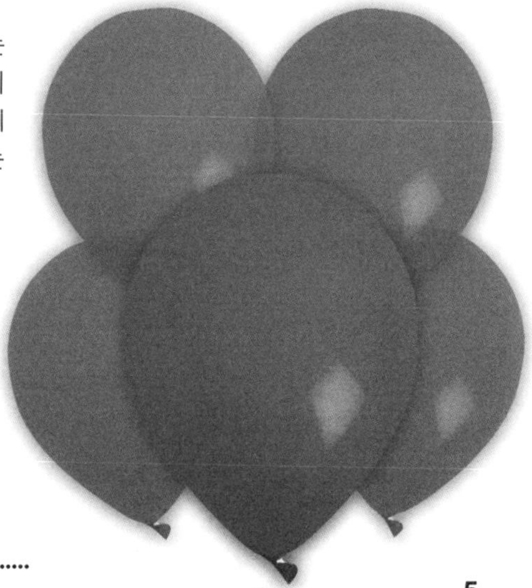

2. ....

....

....

....

....

....

3. ....

....

....

....

....

....

4. ....

....

....

....

5. ....

....

....

....

....

....

악의

구내식당이나 카페에 자리를 잡아라. 대화에 주의를 기울이며 들은 것과 악의적으로 느껴지는 것을 (나중에 라도 돌이켜 보며) 적어라.

이 연습을 통해 우리가 실제로는 무의식적으로 악의적인 행동을 하거나 그러한 발언을 한다는 사실을 알 수 있다. '아니'라고 말하기, 말 끊기, 듣지 않기, 그 외의 수많은 것들이 반복적으로 행해지는 악의적인 행동에 속한다. 그 사실을 의식하는 것부터가 시작이다.

악의 빙고

'친절'의 의미가 퇴색되었다는 데 이의를 제기할 사람은 없을 것이다. 모든 회사의 로비와 기업 현장에, 혹은 팀을 새로 구성할 때마다 '친절'이라는 단어가 등장한다. 여러분 역시 친절을 베풀어야 하고 참가자들에게도 친절을 요구해야 한다. 좋지 않은가? 그런데 어떻게 요구하면 좋을까?

우선 이렇게 시작해 보라. 워크숍에서 악의 빙고를 하는 거다!

다음 워크숍에서(아니면 회의 시간에) 빙고에 나와 있는 악의적인 행동을 지워라.

줄 하나가 완성된다면 워크숍(혹은 회의)에서 격렬한 갈등이 일어날 것이다.

말 끊기	서로 듣지 않기	'맞아 그렇긴 한데' 로 시작해 '아니야'로 끝맺기	할 거라고 말해 놓고 하지 않기
가치 비판하기	지각하기	발언권 독점하기	100% 몰입하지 않기
자신의 관점 강요하기	제안이 아닌 강요하기	피드백 시간 거부하기	동시에 말하기
개인 일정에 맞춰 워크숍 조정하기	진심이 담기지 않은 따뜻한 말하기	계속 '아니' 라고 말하기	조직에 전혀 도움이 되지 않는 농담하기

갈등

악의에 이어 퍼실리테이션에서 마주할 수 있는 어두운 면인 갈등에 대해 알아보자. 갈등을 겪는다는 건 자기 자신과 사람들 혹은 조직 간에 대립이 있음을 인정하는 것이다. 여러분은 퍼실리테이터인 이상 경청과 존중을 기반으로 아이디어의 충돌과 재구성(co-construction)이 이루어지는 건설적 갈등을 장려해야 한다. 때문에 갈등이 잘못된 방향으로 비껴간다면 그만큼 파괴적인 결과를 낳을 수 있다. 만약 갈등이 궤도를 벗어난다면 어떻게 해야 할까?

갈등은 감정, 정서, 욕구와 관련된, 무엇보다도 비합리적인 것이다. 두 사람이 갈등을 겪고 있는 상황을 가정해 보자. 모르겠다면 영국의 메건 마클 왕손비가 왕실로부터 독립한 '메그시트(Megxit)'를 생각해 보라.

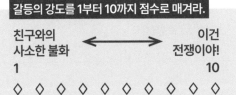

갈등의 강도를 1부터 10까지 점수로 매겨라.

친구와의 사소한 불화 ⟷ 이건 전쟁이야!

1 ... 10

◇ ◇ ◇ ◇ ◇ ◇ ◇ ◇ ◇ ◇

갈등의 원인이 무엇이었는가?

만약 운이 따라 주지 않아 갈등에 얽혀 있다면, 갈등을 피하거나 갈등에서 벗어날 수 있도록 '드라마 삼각형(Drama triangle)'이라고도 불리는 카프만의 삼각형을 소개한다. 1968년 스티븐 카프만(Stephen Karpman)이 제안한 역할극으로, 한 참가자가 박해자(Persecutor), 희생자(Victim), 구원자(Rescuer) 중 한 역할을 맡으면, 다른 참가자들은 무의식적으로 다른 둘 중 한 가지 역할을 하게 된다는 사실을 밝혀냈다. 그럴 경우, 특히 여러분이 그 일에 연루되었다면 비극이 따로 없다! 각자 서로 다른 역할 사이를 유영하면서 상황은 계속해서 악화된다!

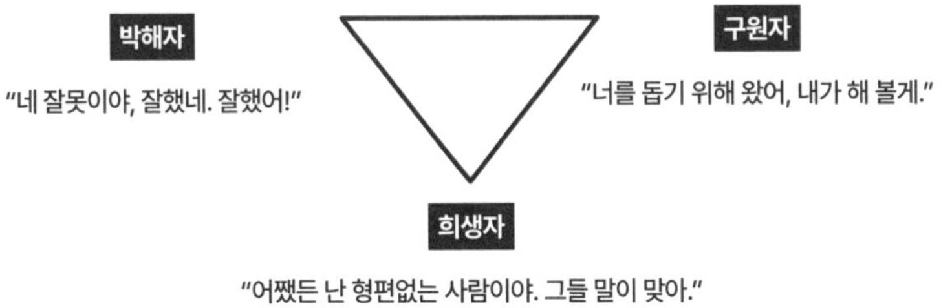

박해자
"네 잘못이야, 잘했네. 잘했어!"
구원자
"너를 돕기 위해 왔어, 내가 해 볼게."
희생자
"어쨌든 난 형편없는 사람이야. 그들 말이 맞아."

구원자도, 박해자도, 희생자도 되지 말라

각 역할이 존재하기 위해서는 나머지 두 역할을 필요로 하며, 그들을 통해 자신의 관점을 공고히 하려고 한다. 이 삼각관계에 연루된 사람들의 역할은 고정되어 있지 않고 순간순간 달라진다.

아래 각 문장이 박해자(P), 구원자(R), 희생자(V) 중 어떤 역할에 해당하는지 찾고, 역할에 따라 P, R, V로 표시하라.

중립적	퍼실리테이터: 자, 워크숍 결과물에는 좀 진전이 있었나요?
V	알베르: 시간이 없었어요, 일이 넘쳐 난다고요!
......	베아트리스: 커피 마실 시간은 있고요? 네? 하하하.
......	알베르: 만날 나한테 태클이네요, 지긋지긋해요, 좋을 때가 없네요.
......	퍼실리테이터: 자, 자, 자, 자, 자! 진정합시다. 그런데 한 마디 덧붙이자면 휴식은 정말 중요해요….
......	베아트리스: 와, 이제는 퍼실리테이터까지 당신 편을 드네요!
......	알베르: 하! 거봐요. 저런, 꼴좋네요.
......	퍼실리테이터: 공격하자고 한 얘기가 아니에요. 저는 그저 제 생각을 말한 것뿐인데 나쁜 사람이 되어 버렸네요.

갈등은 에너지를 잡아먹는다. 여기 이 불행의 삼각형에서 벗어날 수 있는 몇 가지 비결이 있다.

삼각형 안에 들어가지 않기

- 박해자도, 구원자도, 희생자도 되지 말고 전문가의 입장을 내세우지 않으며 중립성을 유지하라.
- 휴식 시간을 가지고 감정이 격해진 사람들이 이야기를 나누도록 하라. 그리고 그들을 건설적인 해결책으로 이끌도록 노력하라.
- 토론의 열기를 가라앉히고 사실에 근거한 토론이 되게 하라.
- 모든 것이 우리 마음대로 될 수는 없다는 걸 받아들여라.
- 분쟁을 일으키지 않는 소통을 하고, 그런 소통을 하게 만들어라.
- 공감하라.

삼각형에서 벗어나기

- 속도를 늦춰라.
- 자신이 삼각형 안에 있다는 걸 인정하고 자신의 역할을 인지하라.
- 그 역할을 거부하라.
- 잘못을 인정하고 정당화하지 말라.
- 갈등이 있는 동안 다른 사람에게 퍼실리테이터 역할을 부탁하라.
- 심리학자의 입장으로 접근하지 말라.
- 여러분은 워크숍의 틀을 잡는 사람이다.
- 틀의 유지를 방해하는 사람이 있다면 (사적으로) 회의실에서 나가 달라고 요청할 수 있다!

갈등 해결

구원자나 다른 그 어떤 입장도 취하지 않고 겸손해야 하는 것이 가장 중요한 규칙이라는 점을 이해했다면 알맞은 페이지에 도달한 셈이다. 이해하지 못했다면 이전 페이지로 돌아가 생각할 시간을 가져라! 갈등 밖에 머물러야 한다는 사실을 알았고, 이제는 어떻게 사람들을 갈등에서 끄집어낼 수 있는지, 어떻게 조정자, 즉 어른들을 위한 현대판 <슈퍼 내니>가 될 수 있는지 알아보자.

서로 판이한 세 가지 접근법으로 갈등을 해결할 수 있다.

1. 힘: 아마 가장 빠른 효과를 볼 수 있는 접근법. 최대 권력을 지닌 사람에게 결정권이 있기 때문에 그는 마주한 사람의 이야기도, 의견도 듣지 않으면서 자신의 지위를 내세운다. 표면적으로 갈등은 마무리되지만 힘에 의한 접근법이 초래하는, 조금 더 은밀한 새로운 갈등이 나타난다.

2. 타협: 입장이 양립할 수 없고 모두가 원하는 바를 충족하는 해결책을 찾기 불가능할 때 사용하는 접근법. 다른 사람과의 접점을 찾기 위해 각자 조금씩 양보해야 한다. 단점으로는 타협에 이를 경우 모두에게 좌절감을 줄 수 있으며, 특히 갈등의 당사자 두 명 중 한 명이 더 큰 좌절감을 느낀다.

3. 합의: 각자의 욕망과 필요를 충족할 수 있는 선택지. 갈등에서 빠져나올 수 있는 가장 덜 고통스러운 방법으로 '받아들일 수 있는 타협'으로도 불리는, 완벽하지만 이상적인 옵션이다.

위 세 가지 접근법 중 다음의 갈등을 해결할 수 있거나 해결할 수 있었을 것 같은 접근법은 무엇인가?

.... A. 도널드 트럼프 vs. 중국('다른 모든 국가'로 바꾸어도 짝은 성립된다)

.... B. 애플 vs. 삼성

.... C. 캡틴 아메리카 vs. 아이언맨

.... D. 제2차 세계 대전 종전 후 분단된 동베를린 vs. 서베를린

.... E. 안젤리나 졸리 vs. 브래드 피트

.... F. 표범 바기라 vs. 모글리

보면 알겠지만 합의에 이르기는 결코 쉽지 않으며, 문제 난이도가 높아질수록 합의에 도달하기는 더 어려워진다.

≪ 이전 페이지의 정답
P, V, R+P, V, P, V.

중재

솔직히 얘기하면 모든 갈등이 퍼실리테이터와 관련이 있는 건 아니다! 하지만 퍼실리테이터가 중재자의 옷을 입고 모든 갈등 당사자에 걸맞은 돌파구를 찾아야 하는 때가 있다. 이를 위해 미국의 한 갈등 중재자는 5단계로 나누어진 접근법을 고안했는데, 자신의 이름을 본떠 '토마스 피유탁의 바퀴(the Fiutak wheel)'라고 이름 붙였다.

좀 더 명료하게 하기 위해 이곳에서는 워크숍과 관련해 일상에서 흔히 나타나는 갈등의 조정에 대해서만 다루겠다. 어느 단계에서는 중재를 하기 위해 교육을 받고, 더 나아가 감독하는 사람을 둘 필요도 있다. 하지만 겸손한 태도가 무엇보다도 우선되어야 한다.

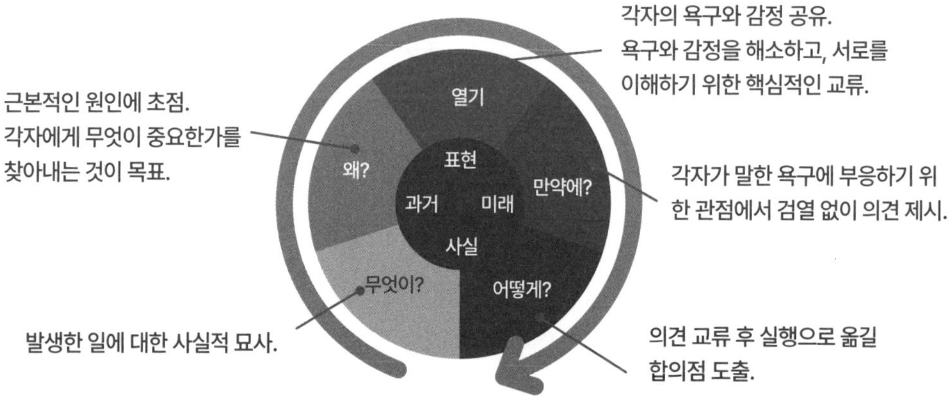
각자의 욕구와 감정 공유.
욕구와 감정을 해소하고, 서로를
이해하기 위한 핵심적인 교류.
근본적인 원인에 초점.
각자에게 무엇이 중요한가를
찾아내는 것이 목표.
열기
표현
왜?
과거
미래
만약에?
사실
무엇이?
어떻게?
각자가 말한 욕구에 부응하기 위
한 관점에서 검열 없이 의견 제시.
발생한 일에 대한 사실적 묘사.
의견 교류 후 실행으로 옮길
합의점 도출.

이전 페이지의 갈등 사례를 중재한다고 상상하며 즐겨 보라. 각 단계에서 그들은 어떤 논의를 할까?

합의에 도달하고 합의를 이행하는 게 목표라는 사실을 기억하라. 맨손으로 하는 격투기 시합이라면 암바가 유용할 테지만 먹혀들 확률은 (매우) 낮다. 경청하고 공감하는 태도, 질문하는 감각은 갈등의 순간 여러분에게 큰 힘이 될 것이다.

이전 페이지의 정답

A. 힘 B. 타협 C. 힘 D. 타협 E. 타협 F. 타협

비폭력대화

여럿이 모이는 자리에서는 대개 감정이 격해지고, 기질과 행동의 특징이 두드러질 수 있다. 자신도 모르는 사이에 자신의 말 한마디가 상황을 악화시켰던 적이 있을 것이다. 누구나 한 번쯤 이런 적이 있지 않나?

비폭력대화는 진실된 교류를 촉진하는 커뮤니케이션 방법으로

본질적인 욕구를 표현하고 듣게 만든다.

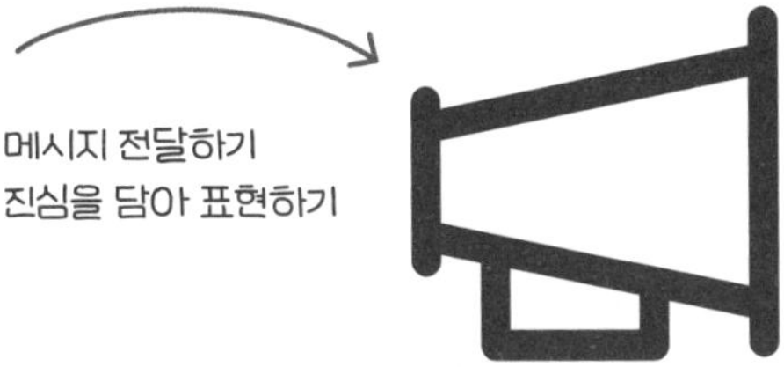

1970년대 심리학 박사인 마셜 B. 로젠버그(Marshall B. Rosenberg)가 제시한 비폭력대화(NVC, Non-Violent Communication)는 자신 그리고 타인에 대한 공감, 연민, 존중에 기반을 둔 커뮤니케이션 방법이다. 만약 갈등을 겪고 있다면, 비폭력대화는 갈등을 피하고, 다루고, 또 자신의 욕구를 파악할 수 있는 (유일무이하게) 매우 강력한 도구다! 로젠버그 박사는 비폭력대화의 적용 과정을 기린과 자칼에 빗대어 묘사했다. 기린은 비폭력대화로 소통하는 사람이고, 자칼은 소통하는 상황에 존재하는 폭력을 상징한다. 비폭력대화를 배운다는 건 '자칼'의 소통에서 '기린'의 소통으로 나아가는 것이다.

비폭력대화의 4단계!

다음 문장을 비폭력대화로 바꿔라

	관찰	감정 인식	욕구	부탁
	사실에 기반해 상황을 관찰한다	촉발된 감정을 인식한다	인식된 감정의 근원인 욕구를 자각한다	나의 욕구를 만족시킬 수 있는 부탁을 한다
또 늦었구나!	네가 5분 늦는 걸 봤어.	실망스러워.	기다리느라 각자의 시간을 뺏기지 않도록 모두 제시간에 오기를 바라.	우리 모두 제시간에 올 수 있는 시간을 정할까?
너는 더 열심히 해야 해!				
말도 안 되는 소리 하고 있네!				

비폭력대화를 잘 활용하기 위한 몇 가지 비결

- 공감하고 친절(가식적인 친절이 아닌 진짜 친절을 말한다!) 베풀기, 그리고 경청하기. 많이 귀 기울여야 한다!
- 반말을 피하라. 반말이 모든 걸 망친다.
- 자신의 감정을 정의하기가 어렵다면 '기분이 좋다' 혹은 '기분이 나쁘다'를 사용해라.
- 비폭력대화를 하며 상대방에게 소리 지르지 말라. 효과가 반감된다!
- 비폭력대화는 여러분 자신에게도 적용할 수 있다. 자기 자신과 다시 연결되는 것 역시 중요하다.
- 즉각적으로 반응하라. 만약 다음에 무슨 말을 할지 너무 오래 생각하면 상대방은 여러분에게 안 좋은 일이 있다고 생각할지도 모른다.
- 비폭력대화로 고마움을 표현할 수도 있다. 이것 역시 중요하다.
- 감정은 욕구가 아니므로 자신의 욕구에 귀를 기울여라. 무엇이 마음속 깊은 곳을 뒤흔들고 있는지 여러분은 알고 있다.
- ('절대', '늘', '항상'과 같이) 일반화하는 표현을 피하라. 상대에게 크나큰 상처를 줄 수 있다.

오늘 본의 아니게 내뱉었던 말들을 떠올려 보고 비폭력대화를 참고해 다른 말로 표현하라.

피드백

이미 앞에서 본 것처럼 집단 지성을 발현시키려면 신뢰, 교류, 공동 학습이 필요하다. 집단 지성을 발현시킬 수 있는 최적의 도구가 바로 피드백이다. 왜냐고? 피드백을 받는 사람은 그 피드백 덕분에 성장할 수 있기 때문이다. 통통 데이비드(Tonton David)의 말처럼 전달하고자 하는 것이 아이디어든 메시지든 또는 깨달은 바이든지 간에 '옆 사람에게 메시지를 보내라'.

주의할 점? 좋은 피드백이 적절한 타이밍과 맥락에서 표현되고 잘 받아들여진다면 큰 도움이 되지만 그중 한 가지 조건이라도 충족되지 않는다면 엉망이 될 것이다.

어떻게 하면 좋은 피드백을 줄 수 있나?
아래 몇 가지 조언이 있다. 좋은 조언도, 그다지 좋지 않은 조언도 있다!
좋은 조언과 그렇지 않은 조언을 구별해 보라! 여러분이 보기에 어떤 것이 좋은 조언인가?

A. 피드백은 너무 중요해서 상대방이 완전히 여유가 있는 상황이 아니라 해도 곧장 전달해야 한다.	B. 주변에 사람들이 있더라도 주저 말고 피드백을 줘라. 어쨌든 좋은 뜻으로 하는 거다, 그렇지 않은가?	C. 여러분이 받은 피드백이 좋지 않은 피드백이라고 생각한다면 그 이유를 설명해라. 피드백을 반박해도 좋다. 그들이 전혀 이해하지 못하는 게 여러분의 잘못은 아니다.
D. 열린 마음으로 피드백을 하라. 여러분이 알고 있는 건 진실이 아니다. 여러분은 의견과 느낀 바를 공유하는 것이다. 그 부분을 분명히 해야 한다.	E. 피드백을 준 사람에게 고마워하는 걸 잊지 말라. 피드백을 받아들이고 피드백을 토대로 무엇을 할 수 있을지 생각하라.	F. 피드백을 주든지 받든지 간에 의견을 나눌 때는 공감할 필요가 없다.
G. 공격적으로 말하든지 아니든지 간에 말하는 투는 신경 쓸 필요가 없다. 그건 피드백을 받는 사람이 신경 쓸 문제다.	H. 피드백을 줄 때 열린 자세를 취하라.	피드백은 물고기와 같아서 일주일이 지나면 더 이상 신선하지 않다. 그러니 서둘러라!

좋은 피드백의 4가지 기준(이외에도 문화에 따라 더 많은 기준이 있다)

- 시의적절해야 한다.
- 구체적이어야 한다.
- 피드백을 받는 사람이 이해할 수 있어야 한다.
- 피드백을 받은 사람이 피드백과 관련해 행동에 나설 수 있어야 한다.

피드백 혹은 '피드배드(Feedbad)'?

좋은 혹은 좋지 않은 피드백에 대한 조언을 얻었으니 다음 문제를 풀며 배운 것을 활용해 보자.

피드백 예시가 '피드배드'에 해당된다면 문장을 그대로 옮겨 적고,

제대로 된 피드백이라면 'OK!'라고 적어라.

1. "네가 프로젝트에 대해 발표하고 있는데 이런 말 하고 싶지는 않지만 솔직히 말해서 그렇게는 전혀 안 될 것 같아."

....

....

2. "네가 모리스한테 한 대답은 정말 훌륭한 것 같아. 흥분하지 않았고, 대답은 간결하고 정확했어, 브라보!"

....

....

3. "아쉽다. 너무 소심하게 이야기해서 네 이야기를 들으라는 건지 아닌지 잘 모르겠어. 다들 나랑 같은 생각이지, 그렇지?"

....

....

4. **"피드백 혹은 '피드배드'에 대한 아이디어가 멋지다. 다만 읽는 사람이 자신의 생각을 적을 여지를 남겨 둬야 한다는 점을 유의해야 해."**

....

....

퍼실리테이션 워크숍이 어떻게 진행되었는지 알 수 있는 가장 좋은 방법은 피드백을 요청하고 받아들이는 것이다. 피드백이 필요 없는 사람은 아직 퍼실리테이션의 세계에 발을 들이지 못한 사람이다.

이전 페이지의 정답

D, E, H/ 위 문제: 2번과 4번 문장이 좋은 피드백이다.

피드 포워드

하하! 피드백에 관해서라면 '또? 다 아는데!'라고 말할 수도 있겠지만, 자,'피드 포워드(Feed forward)'라면 어떤가?

피드 포워드에 대해 아는 게 없다고 해도 여러분은 이미 일상 속에서 피드 포워드를 하고 있다. 피드 포워드의 위력은 너무 강력해서 없이 산다는 건 불가능하다.

피드 포워드는 무언가를 막 실현한 사람에게 또 다른 가능성을 제시하고, 피드 포워드를 받은 사람은 새로운 이야기를 써 내려갈 미래, 새롭게 탐색할 길을 그려볼 수 있다.

'다음에 화가 올라온다면 바로 반응하기보다는 숨을 크고 깊게 쉬어 볼 수 있다.'

'반응이 없는 집단과 다시 만나게 된다면 계획은 잠시 미뤄 두고 사람들이 모임을 어떻게 생각하는지 혹은 참여하고 있는지 물을 시간을 가져라.'

보는 것처럼 간단하다. 피드 포워드의 문장은 무엇이 진짜 정답이라고 암시하지 않는 대신 상대방이 다른 방식을 상상할 수 있도록 여러 선택지를 공유한다.

피드 포워드를 하는 이유는?

- 해결책을 제안하는 데 초점을 맞추고 있다.
- 판단이 배제되어 있다.
- 미래를 예측한다.
- 행동에 중점을 둔다.

그렇다면 피드백과 피드 포워드 중 선택해야 한다면?

- 왜 하나를 선택하려 하는가? 둘 다 발전에 도움이 되는데!
- 피드백은 자신의 장점을 인식하고 자신감을 가질 수 있게 해 준다.
- 피드 포워드는 발전으로 나아가는 새로운 길을 열어 준다.

이 책에 피드 포워드를 준다면?

....

....

....

....

p. s.: 메일로 혹은 직접 피드 포워드를 받는 게 우리에게는 얼마나 기쁜 일인지 모른다. 우리에게 피드 포워드를 보내고 싶은가? hello@carnet-facilitation.com

그렇게 해 준다면 너무나 기쁠 것이다. 아, 이미 얘기했던가?

마지막으로 했던 퍼실리테이션에서 받았다면 적절했을 피드 포워드로는 어떤 것이 있는가?

....

....

....

....

마지막으로 봤던 프레젠테이션 혹은 받았던 교육을 생각해 보라.
연사에게 어떤 피드 포워드를 주겠는가?

....

....

....

....

p. s.: 상대방이 여기에 쓰인 내용을 읽을 일이 없다면 여러분의 피드 포워드를 그에게 직접 전달하라;) 우리는 그런 여러분이 자랑스럽다.

피드 포워드의 본질은 피드백처럼 간단하다. 단순한 정보 교류다. 피드 포워드가 특별한 이유는 그 안에 내포된 의도 때문이다. 대가를 바라지 않으면서 상대방의 발전에 도움이 될 만한 무언가를 주고자 하는 나눔보다 더 좋은 것은 없다. 어떻게 생각할지 모르겠지만 개인적으로 세상은 그 정도로 충분히 인간적이고 서로 연대하고 있다고 생각한다. 내가 장담한다!

세 개의 배터리

인간의 몸은 세 개의 배터리로 움직인다. 신체적 배터리, 정신적 배터리 그리고 (일상적인 용어로 말하면 '정서적 배터리'라고 할 수 있는) 자율신경계 배터리가 있다.

끊임없이 상호 작용하는 세 개의 에너지는 온종일 시간이 흐름에 따라 그리고 사람에 따라 변화한다. 자신뿐만 아니라 조직 구성원들의 능력을 최대치로 끌어내려면 세 개의 에너지를 공부하고 관리하는 법부터 알아야 한다. 건전지 브랜드 듀라셀 광고에 등장하는 작은 토끼의 말마따나 '얼마나 오래 가느냐가 정말 중요하다'.

	정신적 에너지	신체적 에너지	감정적 에너지
에너지를 잡아먹는 것	•끝나지 않는 회의 •지나치게 빡빡한 형식 •너무나 개념적인 형식 •정보의 범람 •단조로운 형식	•움직이지 않음 •과잉 활동 •일정표	•스트레스 •격한 감정 •불공정 •갈등
에너지를 충전해 주는 것	•긍정적인 생각 •동기부여 •휴식 •유머 •시각화 •명상 •계획 •분명한 의도	•운동 •영양 •휴식 •환경적 웰빙 •풍수	•신경 언어학 프로그래밍 •자기표현 •피드백 •명상 •소프롤로지 (정신집중효과학) •운동 •요가
워크숍에서의 에너지 관리법	•조금 더 가벼운 세션으로 분리 •유머 •리듬 변주 •시각적 퍼실리테이션 •여러 번의 앵커링 •휴식	•기간 조절 •리듬 변주 •지시 사항의 변주(일어서서, 앉아서, 움직이며…) •틀의 변주	•호의와 존중의 분위기 •자유로운 참여 •진행 흐름 존중 •목표에 얼라인 •평온한 상태, 호흡 훈련

메모리 덤프(Memory dump)로 정신적 짐 제쳐 두기

여러분 혹은 퍼실리테이팅할 집단이 워크숍 이외에 생각할 거리가 너무 많다면 이 방법을 시도하라. 사소하지만 효과적이다.

- 각자 포스트잇에 (할 일, 꼭 기억해야 하는 정보, 걱정과 같이) 머릿속을 차지하고 있는, 떠오르는 모든 생각을 적는다.
- 다 적었다면 포스트잇을 접어 주머니에 넣는다.

적은 정보나 걱정은 사라진 것도, 해결된 것도 아니다. 적어도 워크숍을 하는 동안 그저 머릿속에서 비워진 것뿐이지만 모두가 조금 더 집중력을 발휘할 수 있다! 아이디어를 내야 하는 시간에 자신의 생각 속을 헤매지 않기 위한 효과적이면서도 간단한 방법이다.

여러분의 정신을 사로잡고 있어 이 책에 온전히 집중할 수 없게 방해하는 것들을 직접 적어 보라.

휴식을 취하라

심장 일관성 훈련은 호흡을 조절하고, 더 나아가 스트레스를 조절해 준다.

우울증과 고혈압 완화에도 도움이 된다. 운동처럼 규칙적으로 하는 게 중요하다!

3-6-5 규칙

#3

하루에 3번(예를 들어, 아침, 정오 그리고 저녁에) 한다.

훈련과 훈련 사이에 4시간의 간격을 둔다.

#6

심장 박동과 호흡의 리듬이 공명할 수 있도록 1분 동안 6번 호흡한다.

즉, 10초 동안 숨을 한 번 들이쉬고 내쉰다. 코로 숨을 마신다.

입으로 숨을 내뱉는다. 앉은 자세에서 허리를 꼿꼿이 세운다.

#5

5분 동안 같은 방법으로 호흡한다.

커뮤니케이션

자연은 여러분에게 언어라는 놀라운 장점을 부여했다! 욕구, 아이디어, 개념, 지시, 감정 등을 표현할 수 있는 능력이다. 표현할 수 있는 것에는 끝이 없다! 게다가 언어는 말로 혹은 다른 방식으로 표현될 수 있다! 덕분에 언어의 잠재력은 배로 커진다. 퍼실리테이션에서는 퍼실리테이터의 표현 방식과 그가 사용할 도구가 조직의 에너지와 실행 능력에 큰 영향을 미친다. 여러분에게는 매우 노골적인 과제가 주어질 것이다. 정보를 간단명료하게 전달해 회의실에 있는 사람들 한 명 한 명이 무엇을 해야 하고 어떻게 해야 하는지를 늘 알려 주고, 적당한 수준의 에너지를 전달해 그들이 행동에 나서고 결국에는 의욕을 가지고 참여하게 만들어야 한다.

조직에 전달할 적당한 수준의 에너지를 찾아라!

연기 연습실!

여러분은 방송 기자이고, 오늘의 뉴스를 보도해야 한다. 겨드랑이 밑에 껴 둔 신문을 보며 좋은 감정(66페이지)과 적절한 에너지를 담아 뉴스를 전달하라!

여러분의 모습을 영상으로 찍어 보기를 권한다! 좋은 점 혹은 부족한 점을 더 쉽게 알 수 있다.

영상을 찍었다면 되감아 볼까?

전달하는 뉴스에 따라 여러분의 목소리, 호흡, 자세, 음색, 시선, 제스처는 어떻게 변했는가?

여러분은 퍼실리테이션에서 조직, 다룰 주제, 단계에 따라 자세, 커뮤니케이션, 에너지를 달리해야 한다. 지나친 에너지와 열정은 회고 혹은 문제 제기 단계에 어울리지 않으며 끔찍한 결과를 낳을 것이다! 창의성이 발휘돼야 하는 단계에 퍼실리테이터가 기력이 없는 경우도 마찬가지다. 마지막 조언을 하자면 워크숍은 긴장이 이완되는 공간도, 뛰어노는 운동장도 아니다. 참가자들을 어린아이 취급해서는 안 된다. 그렇게 하지 않아도 참가자들은 재미있게 놀고 즐길 수 있다!

간단명료하고 참여를 이끌어 내는 지시 사항을 만들어라!

연기 연습실!

여러분은 요리사로 또 한 번 방송에 출연한다. 요리와 조리법을 가능한 한 최대한 명료하게 단계별로 설명해야 한다. 영상으로 찍어 보고 친구에게 보여 줘라. 영상을 보고 요리를 만들 수 있었는지 물어보라. 그리고 요리를 칭찬해 줘라!

재료	조리법
밀가루 220g 설탕 130g 바닐라 설탕 1봉지 우유 750ml 달걀 5개 버터 20g(선택 사항) 말린 자두 500g	• 우선 오븐을 180도로 예열한다. • 오목한 접시에 설탕과 밀가루를 섞은 뒤 바닐라 설탕을 넣는다. • 우유를 붓고 미리 녹여 둔 버터를 넣은 뒤 반죽의 질감이 균일해질 때까지 섞는다. • 말린 자두가 올라간 프랑스식 과일 타르트를 원한다면 말린 자두를 넣는다. 필요에 따라 자두 씨를 제거한다. (물론 - 좀 더 전통적인 방식으로 - 아무것도 올리지 않거나 혹은) 사과를 올려도 좋다. • 틀 안쪽에 버터를 칠하고 반죽을 붓는다. • 틀을 오븐 안에 넣고 약 1시간 동안 굽는다. • 달콤한 술과 함께 혹은 술 없이 맛보라!

간단한 조언 몇 가지

- 지시 사항 1개=목표 1개, 연습 시간, 사용할 설비와 설비의 (개인적, 조직 내) 사용법.
- 지시 사항을 전달하기 전 조용한 분위기를 만들어라! 그렇지 않으면 시장통에서 이야기하는 것과 다를 바가 없다!
- 간단하고 명료해야 한다…. 정보를 쏟아붓지는 말자!
- 지시 사항을 적고 (회의실에 프로젝터로 혹은 게시물로) 시각화하자. 참가자들이 자율적으로 행동하면서 한층 더 쉽게 지시 사항을 참고할 수 있다.
- 발화 속도에 변화를 줘라. 교육적인 내용을 이야기하거나 지시 사항 및 개념을 설명할 때는 천천히, 참여를 이끌어 내고, 동기를 부여하고, 에너지를 줄 때는 빠른 속도로 발화하라.
- 주의를 기울여 경청하며 공감하라. 조언하고 싶은 욕구를 절제하고 호의적인 태도를 유지하며 상대방의 눈을 응시하라.

은유의 위력

여러분은 저녁에 새로운 사람을 만났다. '좋아요, 우리 서로에 대해 알아봅시다!'라는 생각으로 대화를 시작한다. 그리고 곧장 '무슨 일 하세요?'라는 질문을 한다. 그러나 뒤이어 쏟아지는 정보의 홍수에 빠져 엄밀히 말해 아무것도 이해할 수가 없다. 그러다 우연히 친구를 만난다. 친구는 여러분이 이해하지 못한 이야기를 여러분에게 몇 마디 말과 비유로 간단히 설명해 낸다. 간단하고 매우 강력한 무언가, 바로 은유를 사용했기 때문이다!

장면이 상상되지 않는다고? 좋다, 우리가 줄 수 있는 가장 좋은 예시로 천체 물리학자 위베르 리브스(Hubert Reeves)가 강연회에서 아이들에게 했던 우주의 구조에 대한 설명을 들려 주겠다!

"우주에 대한 현재 지식은 모든 것이 쿼크, 전자, 프로톤과 같은 기본적인 입자로 구성되어 있다는 걸 보여 줍니다. 이 물질들이 모여서 원자 같은 더 복잡한 새로운 것을 만들어 냅니다. 원자가 결합하면 분자가 되고 그다음에는 별, 행성, 은하 그리고 생명체가 만들어지기까지 하죠…."

이 개념을 아이에게 설명해 줄 수 있겠는가? 대답에 동그라미를 쳐라.

그렇다

설명을 듣게 될 아이가
단단히 각오해야 할 텐데....

아니다

여러분 역시 이 개념을 쉽게
설명할 방법이 필요하다고 생각하는가?

(저기, 부탁인데 우리 게임을 계속 이어 나가자.
우리가 제안하는 문제로 은유를 연습할 수 있게끔 '아니다'에 답해 달라!)

위베르 리브스는 알파벳을 비교 대상으로 삼았다. 기본적인 입자와 같은 각각의 알파벳이 복잡하고 예측 불가능한 방식으로 결합하면 특별한 의미를 지닌다는 것이다. 위베르 리브스는 B.L.U.E를 예로 들었다. 이 순서로 연결된 글자 4개는 명확한 뜻, 바로 파란색을 의미한다. 26개의 알파벳으로 우리는 단어, 문장, 문단, 페이지, 책, 도서관을 만들 수 있고, 인류의 모든 지식을 보관할 수도 있다.

여러분이 은유와 힘을 합칠 수 있는지 보자…!

만약 은유를 이용해 아이에게 우주 창조를 다르게 설명한다면, 그것은 아마…

....

....

....

....

....

....

은유는 무언가를 지칭하기 위해 그와 비슷한 다른 것을 빌려 온다. 퍼실리테이션에서 은유의 잠재력을 활용할 줄 안다면 복잡해 보이는 개념의 이해를 도울 수 있다. 여러분도 은유의 힘을 빌려 간단히 무리 없이 상황을 타개하고, 이해를 돕고, 절망에서 벗어날 수 있을 것이다.

비유의 소나기를 맞으며!

퍼실리테이션과 관련된 은유로 표를 완성하라.

포스트잇이 없는 퍼실리테이터는… 망토 없는 슈퍼맨 와/과 같다.	퍼실리테이터는… .... 와/과 같다.
볼펜을 손에 든 퍼실리테이터는… .... 와/과 같다.	집단 지성은… .... 와/과 같다.
조직에 활기를 불어넣는 퍼실리테이터는… .... 와/과 같다.	친절은… .... 와/과 같다.

유머

에너지 불어넣기, 참가자들의 참여 이끌어 내기, 복잡해서 이해하기 어려운 상황 미연에 방지하기, 하나의 팀으로 만들기…(진짜!) 호의가 담긴 절제된 유머가 조직의 발전에 도움이 되는 경우는 너무나도 많다!

유머는 관계를 형성하고, 에너지를 분출하고, 사람들의 인식에 각인되고, 긍정적인 생각과 감정을 전달한다! 물론 유머는 대부분의 경우 주관적이지만 이미 스스로를 웃게 만들었다면 옳은 방향으로 가고 있는 것이다.

유머는 서프라이즈이자 현실과의 거리 두기다.
유머는 어디에서나 나올 수 있다!

여러분을 포복절도하게 만들었던 유머를 적어라.

여러분을 포복절도하게 만들었던 언어유희를 적어라.

여러분을 포복절도하게 만들었던 역설적인 문장을 적어라.

여러분을 포복절도하게 만들었던 고요한 순간을 적어라.

여러분을 포복절도하게 만들었던 예상치 못한 상황을 적어라.

여러분을 포복절도하게 만들었던 생각을 적어라.

"유머는 세 가지 층위에서 작용한다. 첫째로, 매우 자연스러운 현상인데 유머는 두려움을 없애 준다. 둘째로 조금 멋져 보이게 만든다. 유머는 권리이자 용기이기 때문이다. 상냥하고 재미있기까지 하다면 더 좋을 것이다. 사람들은 그런 걸 좋아한다. 셋째로 특히 지도자들에게 효과적이다. 유머는 독재자들을 무너뜨린다."

스르야 포포비치(Srdja Popovic),
밀로셰비치 대통령의 몰락을 가져온 세르비아 저항 운동 오트포르(Otpor)의 창시자

프랑크 뒤보스크가 되어라

(Franck Dubosc, 프랑스 유명 희극인이자 배우)

모든 재능이 그렇듯 유머를 타고난 사람이 있는 반면 유머러스해지기 위해 필사의 노력을 기울여야 하는 사람도 있다. 유머 감각을 기르고 싶다면 여유를 가져라. 주변을 관찰하고, 놀라웠던 것들과, 재미있는 표현을 적어라….

그리고 무엇보다 본인의 자연스러운 모습을 잃지 마라, 다른 사람을 연기하지 마라.

1. 유머의 영감은 주변 상황, 마지막으로 본 공연, 영화 혹은 드라마 시리즈에서도 얻을 수 있다. 여러분을 폭소케 했던 장면 10가지를 적어라. 불행한 에피소드였지만 약간의 유머가 있었다면 그것도 좋다.

……

……

2. '나는 ...한 사람이다'라는 문장으로 시작해서 자신의 웃긴 점 5가지를 적어라. 그 누구도 예상치 못했던 모습을 찾는 게 핵심이다.

예: 나는 아직도 CD를 사는 사람이다.

……

……

……

여러분에게
영감을 주고자
프랑크가 여기에
팬티를
그려 넣었다...

3. 잘 알려진 표현 속 단어를 바꿔 문장을 재미있게 만들어 보라.

예: 늦었다고 생각할 때가…늦은 거다.

까마귀 날자 배 떨어진다. = ……

가는 말이 고와야 오는 말이 곱다. = ……

번데기 앞에서 주름 잡는 격이다. = ……

즉흥

모든 준비가 끝났다. 초대장을 보냈고, 끝내주는 장비도 마련했다. 따뜻한 커피가 테이블 한쪽에 놓여 있고, 테이블도 세팅됐다. 모든 게 물 흐르듯 진행된다. 한창 참가자들이 몰입하고 있는데 갑자기 컴퓨터가 멈추고, 리모컨 배터리가 나가고, 포스트잇은 계속 떨어진다….

혹시 기억하는가? 회의나 워크숍은 머피의 법칙이 나타나기에 좋은 모든 조건을 가지고 있다는 사실. '잘 안될 것 같은 모든 일은 실제로 잘되지 않는다'는 법칙 말이다. 따라서 여러분은 즉흥적으로 대처해야 한다! 여러분의 적응력이 워크숍의 성패를 좌우한다. 우리가 정말 열심히 노력해야 할 부분이다! 그래도 좋은 소식이 있다면? 여러분의 워크숍은 굉장한 즉흥 연습의 장이 될 확률이 매우 높다! 왜냐고? 워크숍을 하러 회의실에 들어가면 그 회의장에서 무엇을 얻을지 알 수 없기 때문이다! 받아들일 준비가 되었다면 즉흥 세션을 지휘하라. 음악 주세요!

즉흥으로 하다

암송하다

즉흥의 기본 요소

신뢰 자신의 선택에 책임을 지고 다른 사람의 선택을 신뢰하라.	**경청** 즉흥을 위해서는 오롯이 경청해야 한다. 주변에서 벌어지는 모든 일에 귀를 기울이고, 자신의 행동에 집중하기보다 다른 사람이 하고 있는 일을 인지해야 한다. 모든 것이 눈앞에서 펼쳐지고 있다.	**효율성** 즉흥은 순간에 좌우된다. '나의 개입이 일을 진행하는 데 도움이 되는가?' 스스로에게 물어라. 시간을 빼앗는 모든 것을 배제해야 한다.
존중 여러분이 동행하고 있는 사람(팀, 고객, 파트너)은 적이 아니라 동료다. 또한 스스로를 존중하라! 쉬운 선택에 빠지지 마라, 그것이 스스로의 잠재력을 존중하는 태도다.	**단순성** 즉흥성을 발휘해야 할 때는 간단히 하라.	**수용** '아니 그런데'에서 '맞아 그리고'로 나아가라. '맞아'는 창의력과 협력을 발현시키고 문제를 새로운 시각에서 볼 수 있게 도와준다.

즉흥적으로 대응하는 능력 기르기

여러분 차례다. 중독성이 있다는 걸 알게 될 것이다!

1. 모르는 언어로 쓰인 문단을 번역하라(즐겨라).

이 짧은 문제가 여러분의 구어적 상상력을 키워 줄 것이다.

« Não basta abrir a janela ....
para ver os campos e o rio. ....
Não é o bastante não ser cego ....
para ver as árvores e as flores. ....
É preciso também não ter filosofia nenhuma. ....
Com filosofia não há árvores: ....
há idéias apenas. ....
Há só cada um de nós, como uma cave. ....
Há só uma janela fechada, ...
e o mundo lá fora; ....
E um sonho do que se poderia ....
ver se a janelase abrisse, ...
Que nunca é o que se vê quando ....
se abre a janela. » ....

2. 하루 동안 '아니 근데…'를 '맞아 그리고…'로 바꾸어 말하라.

받아들이는 연습을 하기에 안성맞춤이다.

3. 조직 구성원을 방(혹은 다른 곳)에서 걸어 다니게 하라. 여러 명이 동시에 같은 숫자를 말하지 않으면서 20부터 0까지 숫자를 세야 한다. 누구도 틀려서는 안 된다. 틀린다면 20부터 다시 숫자를 세야 한다.

조직 단결력 및 경청 훈련이다.

4. 두 명이서 이야기를 만들어라. 한 사람이 단어를 제시하고, 다른 사람이 또 다른 단어를 제시하며 계속해서 이야기를 이어 가라.

자신을 받아들이고 다른 사람의 시선이 주는 무게감을 최소화해 준다. 마지막으로, 즉흥 연극에서는 '아니'라고 말하면 '놀이 거부'로 받아들여진다. 퍼실리테이션에도 적용해 볼 법하지 않은가?

낙서는 경청하지 않는 행동

우리 모두 그림은 화가만 그릴 수 있다는 선입견(혹은 그에 준하는 생각)을 가지고 있다.

자, 숨을 들이쉬고 그 선입견을 비틀어 버리자.

① 그림 그리기? 그다지 진지해 보이지 않아!

② 나는 그림 잘 못 그려, 나는 아티스트가 아니라고.

③ 그리고 어쨌거나 그릴 도구도 없어…

여러분의 선입견을 더해라(즐겨라)

그래픽 퍼실리테이션, 스케치 노트(Sketch note), 기록(Scribing) 기술

혹은 그 외에 다소 생소한 용어를 이미 들어봤을지도 모르겠다.

들어본 적 없다 해도 상관없다. 여기서 중요한 것은

자기 자신과 다른 사람들을 위한

시각의 힘이다.

시각은 왜 (진짜로) 효과적인 걸까?

이 책에서 여러 도표, 그래픽 혹은 다른 낙서를 보았을 것이다. 본질을 드러내기 위해 형태를 입히는 것, 그것이 바로 비주얼 씽킹(Visual thinking)이다.

지나치게 축소하려는 경향을 경계하는 동시에 단순성을 추구해야 한다.

어렵지 않으면서 매우 효과적이다.

한 걸음 + 나아가기:

SKETCHNOTES.FR/BLOG/FACILITATION-GRAPHIQUE-DEFINITION

@helenepouille

(구체적으로) 어떻게 시작하면 되나?

이제 시작이다, 주먹에 힘을 빼고 바로 시도해 보는 거다!

이 책에서 배운 것을 실행에 옮겨라. 지금까지 무엇을 배웠나?

1단계: 본질

요점 말하기

기억하는 모든 내용을 아무렇게나 적어라.

만약 이 중 3가지 핵심 아이디어만을 선택해야 한다면…

아이디어 1

아이디어 2

아이디어 3

위 아이디어를 포괄하는 제목

2단계: 형태

시각화하기

아이디어에 어울리는 그림을 하나씩 그려라.

↑ UNPICTOPARJOUR.FR 혹은 PICTO-DICO.FR에서 힌트를 얻어라.

3단계: 융합

본질에 형태 입히기

아이디어를 연결하고 조합하라.

브라보, 여러분의 첫 그림판이 완성되었다!

실제로 이러한 단계가 반드시 뚜렷하게 드러나지는 않지만 시작점으로 좋다.

한 걸음 + 나아가기:

SKETCHNOTES.FR/BLOG/FACILITATION-GRAPHIQUE-DEFINITION

@helenepouille

여러분이 배운 개념 9개를 찾아라…

악	육	후	중	크	크	하	침	말	파
공	호	후	립	교	육	타	육	묵	다
로	감	참	성	추	교	악	의	손	른
후	초	육	코	몬	묵	약	중	하	말
여	하	질	차	타	카	타	등	감	로
감	적	타	문	참	감	갈	등	참	표
겸	극	문	극	하	가	하	크	공	현
파	적	기	침	육	기	약	파	호	하
타	경	추	타	공	말	여	크	육	기
하	청	약	른	크	겸	손	타	호	묵

찾아야 할 단어:

겸손, 다른 말로 표현하기, 침묵, 악의, 질문하기
중립성, 공감, 갈등, 적극적 경청

이번 장에서 얻은 핵심 아이디어 5가지

#1 .... #2 .... #3 ....

#4 .... #5 ....

여권에 도장 찍기

본인의 것으로 흡수한 개념의 도장을 연필로 따라 그려 보라.

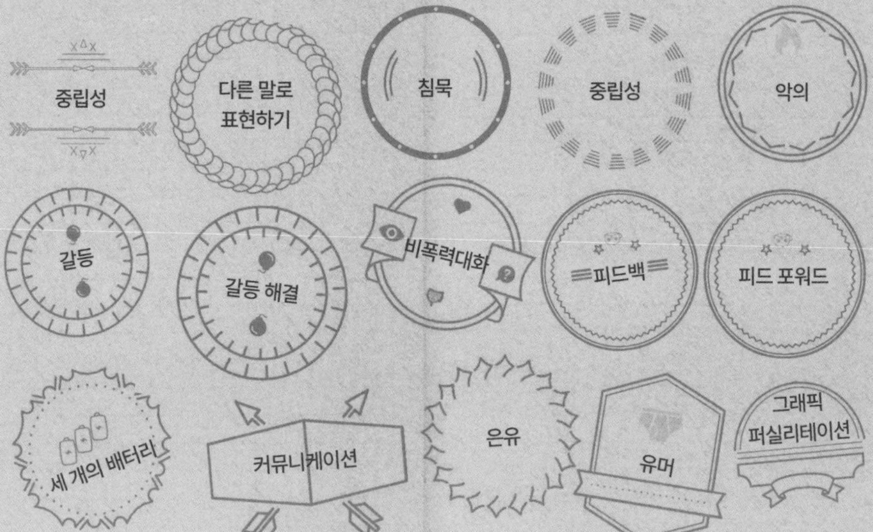

"지휘의 기술이란 오케스트라를 방해하지 않기 위해
지휘봉을 버릴 줄 아는 것이다."

- 헤르베르트 폰 카라얀(Herbert von Karajan)

4장

효과적인 워크숍을 설계하고 퍼실리테이팅하기

주어진 시간에 모든 도시와 중요 포인트를 이어 여행 계획을 짜는 방법이 있다. '어느 것 하나 놓치지 않기'가 목표인 셈이다. 하지만 스트레스를 받을 수 있고, 여행에서 돌아와 보니 그 순간을 즐기지 못했다는 생각을 할 수 있다는 문제가 있다. 하지만 만약 여행 계획을 짤 때 (문화, 식도락, 역사 등) 주요 테마가 있다면? 여행에 일관성이 생기지 않을까? 무엇 하나 놓치지 않겠다며 연이어 도구를 사용하는 함정을 피하라. 퍼실리테이션에서 우리가 여러분에게 해 주고 싶은 조언이다. 좋은 워크숍의 성공은 주로 목표 설정과 일관성 있는 준비에 달려 있다. 이번 장에서는 좋은 질문 만들기, 욕구와 과제 그리고 조직 구성의 이유 분명히 하기를 다룬다. 이 부분을 모두 훑고 나면 여러분의 워크숍을 일관적이고 구조적으로 설계할 수 있을 것이다. 하지만 완벽히 준비했다고 해서 현장에서 적응하려는 노력을 게을리해서는 안 된다는 것을 잊지 마라. 예측한 대로 흘러가는 건 아무것도 없다. 그게 바로 여행의 묘미 아니겠나.

인터뷰

브리스 드 마르주리 Brice de Margerie

자기소개를 해 준다면?

코치이자, 공동 디자이너, 공동 세션 기획자, 퍼실리테이터, 작곡가 그리고 공공 전환 범부처 지도부(DITP, Direction Interministérielle de la Transformation Publique)를 위한 연구실 책임자로 일하고 있다. DITP에서는 여러 부처의 큰 영향력을 지닌 전환 프로젝트를 이끄는 팀을 관리하고 있다. 나는 IBM에서 꽤 일찍 이 직업을 알게 됐다. 그곳에서 재밌고, 자유롭고, 영적이고, 속 깊은 퍼실리테이터로 구성된 작은 집단을 만난 거다. 똘똘 뭉쳐 일하는 그들에게 끌렸고, 그들에게 찰싹 붙어 따르기로 마음먹었다. 나는 그렇게 퍼실리테이터가 되었다.

퍼실리테이션을 몇 마디로 정의해 본다면?

퍼실리테이터로서 나의 역할은 사람들이 자신의 생각을 명확히 하고, 나누고, 구체화하고, 본인을 위해 유용하게 쓸 수 있도록 돕는 것이다. 시간을 창의적으로 써 가며 사람들이 퍼실리테이션을 최대한 활용하고, 퍼실리테이션을 마치면서는 그다음에 할 수많은 구체적인 일을 발견하도록 돕는 게 나의 일이다.

우리 직업이 좀 헛소리하는 일 같지 않나?

맞다. 우리는 사람들에게 말을 시키고, 그림을 그리라 하고, 또 종종 못생긴 모형을 만들라고 한다. 하지만 워크숍이 끝날 때 대부분의 참가자들이 자신의 생각에 대해 분명히 알게 되는 건 확실하다. 그러니 조금은 도움이 된다고 할 수 있겠다. 어쨌든 분명한 건 우리의 일이 걸핏하면 복잡하게 만들기를 좋아하는 사람들에게는 도움이 되지 않는다는 거다.

워크숍을 설계할 때 무엇에 중점을 두나?

워크숍의 의도를 잘 이해하려고 노력한다. 무엇을 만들고자 하는가, 그렇게 만들어 낸 결과물로 워크숍이 끝난 뒤 무엇을 할 것인가? 그리고 적합한 사람들이 모여 있는지 확인하고 참가자 개개인의 과제를 재구성하는 시간을 가지며 모두가 워크숍에서 무엇을 하는지 충분히 이해시킨다. 마지막으로 '명백히 드러나지만 아무도 건드리려고 하지 않는 문제'를 찾는다. 발화하지 않으려는 사람들도 그 문제에 포함된다. 문제를 파악하면 준비 단계에서 해결하려 한다.

워크숍을 준비할 때 스스로에게 던지는 질문이 딱 하나 있다면?

예전에는 너무 많은 시퀀스를 하곤 했다. 지나치게 많은 시퀀스를 했다. 이제는 늘 여지를 두고 최대한 간소화하려고 한다. 그래서 '내게 30분밖에 없다면 어떤 모듈이 효과적이고, 참가자들이 연습해야 하는 중요한 도구는 무엇이지?'라는 질문을 한다.

어떤 때 워크숍이 잘 진행됐다는 생각이 드나?

워크숍을 마치고 활동판을 떼어 내는데, 참가자들이 아쉬워하며 놓친 부분은 없는지 확인하려 사진을 찍을 때다. 다른 경우로는 시퀀스가 5분 남았다고 말했는데 참가자들이 하고 있는 일에 너무 집중하고 있어 '우리를 내버려 둬'라는 식의 긴장감이 감돌 때가 있다. 세 번째로는 지시 사항을 주었는데 참가자들이 곧장 작업에 돌입할 때다. 마지막으로 말 그대로 시간을 지키지 않을 때다. 아마 잘하고 있고 무슨 일이 벌어지고 있다는 의미일 것이다.

워크숍을 수정해야겠다는 생각이 들 때는?

워크숍을 하는 동안 후원자가 무관심하거나 혹은 지나치게 관심을 갖는다고 느껴질 때다. 후원자가 적절한 태도를 취하지 않는 건 대개 좋지 않은 징조다. 더 일반적으로 보면 긴장감이 없고 무기력한 분위기가 느껴지고 실무진이 제시하는 과제가 없을 때다. 사람들이 참여하고는 있지만 자신의 이야기를 하지 않는다.

워크숍을 하는 동안 좋아하는 말은?

한 참가자가 다른 참가자에게 하는 "네 아이디어 좋은데!"

그렇다면 싫어하는 말은?

참가자의 입에서 나오는 "나는 갈래, 사실 나 할 일 있어."

퍼실리테이터가 갖추어야 할 자질은?

사람에 대한 열정이다. 참가자들의 작업에 기쁨과 에너지를 느끼는 것. 불확실성 속에서도 편안함을 느끼고, 사람들과의 만남에 즐거워하고, 적응하기 위한 해법을 계속해서 찾는 것이다. 퍼실리테이터가 된다는 건 불균형을 찾는 것이다. 새로움이 드러나는 순간을 마음속 깊이 애정하는 거다. 그리고 또 너그러워야 한다. 사람들이 잘 작업할 수 있도록 좋은 환경을 만들어 주기 위해 무엇이든 해야 한다.

마지막으로 한마디 한다면?

참가자들이 무슨 말을 할지 전혀 예측할 수 없다는 게 얼마나 신나는 일인가!

다른 입장

진행 VS 퍼실리테이션

진행

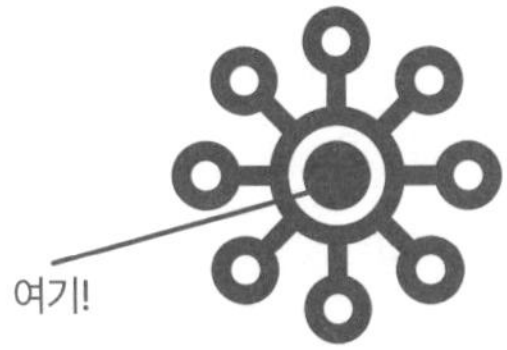

조직의 한가운데에 위치한다!

역할

조종사

목표

프로세스

퍼실리테이션

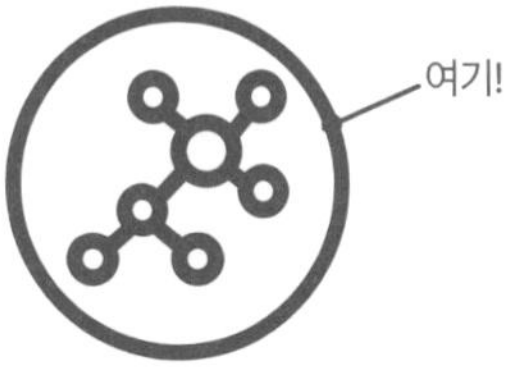

사람들이 서로 연결되고 조직을 구성할 수 있도록
주변에 머무른다!

역할

가이드이자 조종사

목표

프로세스

조직의 에너지를 액체의 형태로 측정할 수 있다면 어떤 모습일까?

진행자의 존재감 / 조직의 자율성과 참여

퍼실리테이터의 존재감 / 조직의 자율성과 참여

전문가 vs 퍼실리테이터

직무 겸직

(불가능한 건 아니지만) 다음의 두 역할을 모두 소화하는 게 좋은 생각인가?

	그렇다	아니다
시장과 부동산 개발자		
의사와 제약 연구소 소장		
환경부 장관과 석유 산업계 임원		
변호사와 판사		

위 문제처럼 과장하지 않더라도 전문가(교육가, 컨설턴트, UX 등)는 내용에 관한 전문 지식이 있고, 워크숍을 하는 동안 그러한 전문성을 발휘해 달라는 요청을 받는다. 퍼실리테이터는 전문가에게 조직의 역학 관계와 집단 지성, 중립성 그리고 겸손의 가치를 전달해 조직이 발전할 수 있게 도와야 한다. 전문가와 퍼실리테이터의 역할은 동시에 수행하기 불가능할 때가 많다.

워크숍에서 전문가와 퍼실리테이터의 역할을 겸할 때 발생할 수 있는 문제는?

◇ 대화를 조작한다.

◇ 자신의 권유에 힘을 싣는다.

◇ 내용에 개입한다.

◇ 새로운 아이디어의 출현을 방해한다.

◇ 발견하고자 하는 호기심과 욕구를 잃고, 확인을 위한 질문만을 던진다.

이러한 장애물을 어떻게 피할 수 있을까?

◇ 다른 퍼실리테이터를 부른다. ◇ 아이디어에 반박할 수 있는 멘토를 부른다.

◇ 다른 전문가를 부른다. ◇ 전문가로서 사전 작업을 한다.

◇.. ◇..

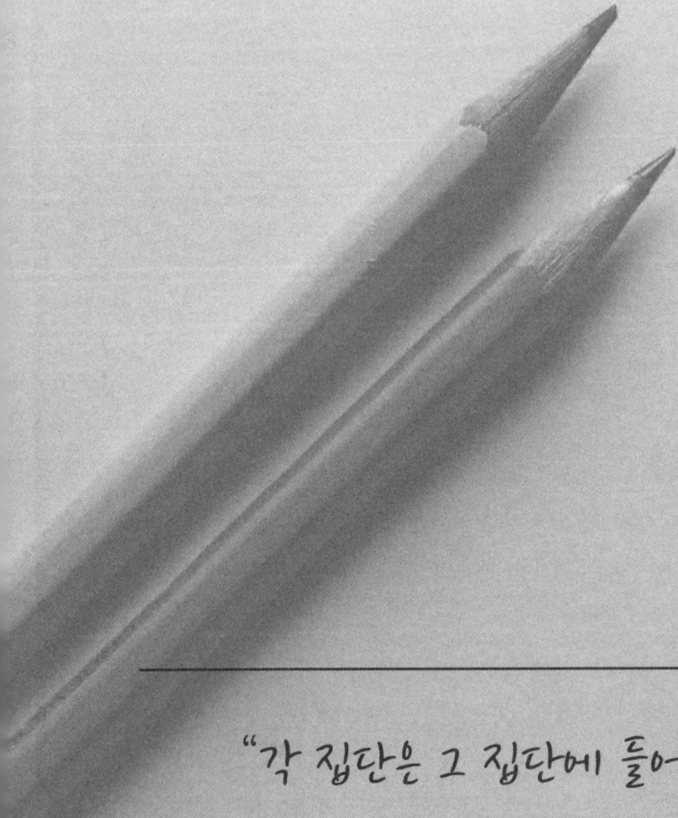

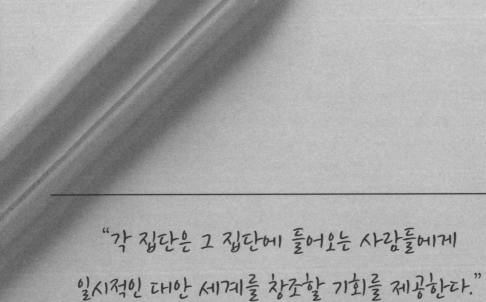

"각 집단은 그 집단에 들어오는 사람들에게
일시적인 대안 세계를 창조할 기회를 제공한다."

- 프리야 파커(Priya Parker)

여러분이 만들고 싶은 대안 세계는 어떤 모습인가?

어떤 규칙을 세울 것인가? 무슨 색깔을 띠고 있나?

자유롭게 생각을 펼쳐라!

준비 캔버스 7P

《게임 스토밍》의 저자 제임스 매카누포(James Macanufo)가 고안한 준비 캔버스 7P는 프레이밍(고객과 대화를 하며 막연한 생각을 정리하는 작업)과 준비 단계에 실질적인 도움이 된다.

목적(Purpose) 구체적인 예시를 들어 보자. 출판사와 퍼실리테이션에 관한 책을 출판하는 프로젝트를 공동 설계해 보자.	**결과물(Product)** 계약서 초안 플랫플랜* 초안 (출간 전 출판물의 글과 그림을 배치한 모습을 보여 주는 자료)
참가자(People) 열정적인 작가 5명(더 이상 소개하지 않겠다) 행동파 편집자 야심 찬 클라이언트 몇몇 타깃 사용자	**실무(Practical Concerns)** 조프레는 회의실을 세팅하기 위해 30분 전에 도착한다. 쉬는 시간에 먹을 디저트를 잊지 말 것. 커피는 있나?
준비(Prep) 꽉 찬 일정에 반나절짜리 워크숍을 위한 시간을 마련한다. 먼저 클라이언트와 만나 1시간 30분짜리 회의를 세 번 진행하며 클라이언트가 기대하는 바를 잘 이해하고 확인한다.	**함정(Pitfalls)** 참가자들은 서로 만나게 되어 기쁜 와중에도 주제에 집중해야 한다는 걸 기억해야 한다. 요안은 늘 아이디어가 넘쳐나기 때문에 다른 사람들도 의견을 낼 수 있도록 주의를 기울일 것:p.

워크숍은 실제로 워크숍이 개최되기 훨씬 전부터 시작된다는 사실을 이해하고 받아들여야 한다. '90%의 법칙'에 따르면 워크숍의 성공적인 개최에 필요한 90%가 워크숍이 시작되기 전에 이루어진다.

진행 과정(Process)

9h 30 - 프로젝트 시작 및 소개

10h - 아이스브레이커 및 프로젝트에 대한 각자의 기대 알아보기

10h 15 - 각자 기대하는 바에 얼라인하기(계약서 초안 작성)

10h 30 - 비슷한 종류의 서적에서 다뤄질 만한 모든 주제를 나열하기 위한 발산 단계

10h 50 - 짧은 휴식

11h - 새로운 아이디어를 파악하기 위한 단체 활동

11h 15 - 여러 주제와 관련한 제안, 발견, 자기 것으로 흡수하기 그리고 토론의 단계

11h 45 - 수렴 단계, 우선적으로 다룰 주제 50개 파악, 주제들의 재분류

12h - 플랫플랜 초안 작성

12h 10 - 더 많은 청중 앞에서 하루 동안의 결과물을 종합하는 단계

12h 20 - 착륙/디브리핑(Debriefing)

12h 30 - 끝

"전투를 준비할 때 계획(plans)은 무용하지만 계획 수립(planning)은 반드시 필요하다는 것을 늘 깨닫는다."

드와이트 데이비드 아이젠하워(Dwight David Eisenhower) 장군

후원자와 함께 하는 프레이밍 질문 체크리스트

자기소개를 하고 분위기를 조금 누그러뜨려야 한다는 점을 잊지 마라.

1. 어떤 상황인가?
2. 프로젝트의 내력은 어떻게 되는가?
3. 이번 세션의 목표는 무엇인가?
4. 목표는 어떤 필요에 부합하는가?
5. 가장 중요한 목표 3가지는 무엇인가? '단 하나'를 꼽으라면?
6. 여러분은 어디까지 개입하는가?
7. 누가 참가하는가? 원하는 연사가 있는가?
8. 참가자들 간의 관계가 긴장된 상태인가? 그들 간에 위계질서는 어떻게 되나?
9. 왜 그 사람들이 참여하는가? 어떤 점에서 그들이 워크숍에 도움이 되는가?
10. 사전에 참고해야 할 자료가 있는가? 공유 가능한 자료인가?
11. (워크숍을 하는 동안의) 중간 결과물과 최종 결과물은 무엇인가?
12. 수단, 시간, 장소에 어떤 제약이 있는가? 조정이 불가능한 제약 사항인가?
13. 관리해야 하는 (식당과 같은) 서비스 업체가 있는가? 누가 초대장을 보내는가? 워크숍 설비는 누가 관리하는가?
14. 후원자의 개인적인 목표가 있는가?
15. 결과물을 제외하고 퍼실리테이션의 성공을 판단할 수 있는 기준은 무엇인가?
16. 이미 확인된 리스크 혹은 퍼실리테이션이 성공하는 데 걸림돌이 될 만한 것이 있는가? 있다면 무엇인가?
17. 긴장이 풀렸다면 1부터 10(10이 가장 높은 참여를 의미)까지 후원자의 참여도는 몇 점인가?
18. 여러분이 플랜 B를 꺼내야 한다면 그를 판단하는 기준은 무엇인가?
19. 준비에서 그다음 단계는 무엇인가?
20. 워크숍 다음에는 어떤 일이 벌어지는가?

마무리 지으며 시간을 내주어 감사하다는 인사를 전하라!

여느 체크리스트와 마찬가지로 위의 목록도 완전하지 않다. 떠오르는 질문, 후원자에게 보통 혹은 가끔 하는 질문을 적어라.

....

....

후원자와의 프레이밍은 왜 실패하는가

후원자와 프레이밍을 하는 이유는 후원자의 요구 사항을 상세히 이해하고, 신뢰 관계를 구축하고, 성공 조건을 취합하기 위해서다.

신속하게 프레이밍을 한다.

하루치 워크숍을 최대한 잘 준비하기 위해서는 최소 1시간 30분의 세션을 세 차례 진행해야 한다.

취조하듯이 인터뷰한다.

프레이밍부터가 퍼실리테이션이다. 가능하다면 일어서서 메모 공유 툴을 이용해 적은 내용을 실행에 옮기고, 캔버스를 테스트해 보고, 필요하다면 프로토타입화하라.

메모를 하지 않거나 지나치게 많이 메모를 한다.

여러분의 준비 캔버스를 프레이밍 회의 때마다 적용하고 반복해서 사용하라. 준비 캔버스가 여러분을 이끌어 줄 것이다.

워크숍에서 퍼실리테이션을 시작한다.

프레이밍을 하며 클라이언트에게 퍼실리테이터의 입장을 알려라. 워크숍을 하는 동안 그가 퍼실리테이터의 입장을 전달할 것이다.

의사 결정자 없이 프레이밍을 한다.

프로젝트의 다양한 이해관계자를 대변할 후원자 2~3명이 필요하다. 그들이 의사 결정을 내려야 한다.

준비 단계를 서둘러 해치운다.

워크숍에 참가하는 사람이 너무 많거나 중대 과제가 있지 않는 이상 하루짜리 워크숍을 준비하는 데 이틀은 걸린다.

워크숍을 혼자 설계한다!

워크숍은 후원자와 퍼실리테이터가 함께 만들어 나가는 것이다.

모든 목표를 받아들인다! 우리는 다 할 수 있다!

어떤 요구는 실현 불가능할 수 있다. 도전해 보고 해낼 수 없을 것 같다면 야망의 크기를 줄여라.

다음 단계에 대한 야망이 없다면 그 워크숍은 '아무짝에도 쓸모가 없다'.

우리는 워크숍을 진행하면서 또 그다음을 준비한다. 나중은 너무 늦다!

목적

여러분이 참가자의 입장에서 '내가 여기서 뭘 하고 있는 거지?'라는 생각이 들었던 회의나 워크숍을 떠올려 보라. 여러분은 모임에 어떤 도움을 줄 수 있는 사람인가? 불필요한 회의를 계속하게 되는 원인은 매우 간단하다. 뚜렷한 목표가 없기 때문이다. 이제 여러분에게 모임을 공동 조직해야 한다는 책임이 주어진 이상 이러한 전통을 답습하지 않기를 바란다! 참가자들의 실질적인 참여를 이끌어 낼 진짜 동기를 찾아야 한다.

세계적으로 저명한 퍼실리테이터인 프리야 파커는 목표가 구체적이고, 유일하고, 이론의 여지가 있어야 워크숍에 가치와 의미가 부여된다고 말한다. 그러한 목표를 세울 수 있도록 프리야 파커가 공유한 실용적인 조언 몇 가지를 여러분과 나눈다.

- 현재로부터 거리를 두고 멀리서 조망하라.
- 고정된 목표를 떼어 내 '왜?'라는 질문을 여러 번 던지고, 그 기저에 깔린 근본적인 목표에 도달하라.
- 워크숍이 참가자들에게 어떤 영향을 미치기를 바라는지 생각하라.
- 참가자들이 워크숍을 마치고 나설 때 얻어 갔으면 하는 것에 대해 생각하라.

다음 두 가지 문제를 풀며 목표를 다시 세워 보라!

지난 여행을 떠올려라. 여행의 목표는 무엇이었나?

이 목표를 세운 이유는?..

이 목표를 세운 이유는?..

이 목표를 세운 이유는?..

지난 워크숍을 떠올려라. 그 당시 워크숍의 목표는 무엇이었나?

이 목표를 세운 이유는?..

이 목표를 세운 이유는?..

이 목표를 세운 이유는?..

만약 충분히 강력한 목표와 참여를 이끌어 낼 의미를 찾아낸다면 워크숍은 더 명료하게 진행될 것이다. 마찬가지로 목표를 공식화하는 시간을 가지는 데에는 생각지도 못한 이점이 있다! 공식적인 목표가 있는 워크숍의 참가자들은 자신들이 결론도, 의미도 없는 n번째 회의(혹은 요즘 말하는 '포스트잇 회의')를 하고 있다는 생각에 빠지지 않을 것이다.

다시 한 번 해 보자!

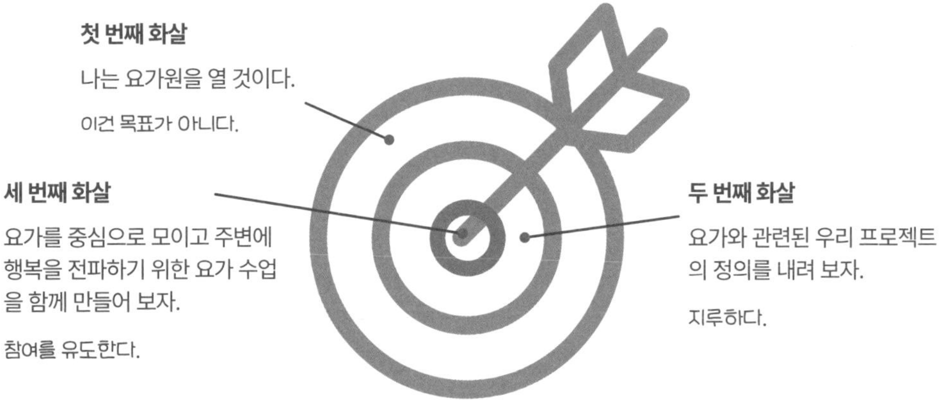

첫 번째 화살
나는 요가원을 열 것이다.
이건 목표가 아니다.
세 번째 화살
요가를 중심으로 모이고 주변에 행복을 전파하기 위한 요가 수업을 함께 만들어 보자.
참여를 유도한다.
두 번째 화살
요가와 관련된 우리 프로젝트의 정의를 내려 보자.
지루하다.

조언: 목표를 정할 때 두 가지를 확인하라.

- 목표는 여러 가지 해결책이 나올 수 있을 정도로 범위가 충분히 넓어야 한다.
- 해결책은 목표에 포함되지 않는다.

이 페이지에 여러분의 목표를 설정하라!

직업적 혹은 개인적으로 이루고자 하는 목표 두 가지를 적어라.

....

....

'...을 (하기) 위해 해결책을 함께 만들어 보자'라는 형식으로 위 문장을 다시 써 보자.

....

....

가장 적합한 결과물

(워크숍이 끝나고 후원자에게 전달되어야 하는 것)

캔버스에 집중하기

아무 정보도 없이 막연하게 독특한 집을 상상해 보라! 시도는 해 볼 수 있겠지만 막막할 것이다. 이것이 바로 워크숍에서 복잡한 문제를 마주쳤을 때 벌어지는 일이다. 이번에는 우리가 여러분에게 집의 스타일, 모양, 색깔, 사이즈 등 가이드라인을 잡아 준다고 상상해 보라. 앞의 경우보다 감을 잡기가 좀 더 수월할 것이다. 조직의 생각을 돕고 다듬는 것, 그게 캔버스의 목적이다.

캔버스를 사용하면,

- 좋은 질문을 던질 수 있다.
- 맨땅에서 시작하는 일을 피할 수 있다.
- 매우 빠르게 여러 가능성을 시도할 수 있다.
- 아이디어를 시각적으로 구조화할 수 있다.

잘 구성하고 사용한다면 캔버스는 조직 내에서의 대화를 뒷받침해 주는 굉장한 도구이기도 하다. 단, 그렇다고 해서 아무렇게나 써서는 안 된다, 캔버스는 목적에 부합해야 한다!

가장 잘 알려진 캔버스가 뭐냐고? 공감 지도(Empathy Map), 유저 저니(User Journey), 비즈니스 모델 캔버스(Business Model Canvas), 린 캔버스(Lean Canvas), 팀 캔버스(Team Canvas) 등이 있다.

각 결과물의 예시를 들어 설명해 보라(구글 검색을 이용하라).

목표에 따라 (참가자들이 만든) 주요 결과물은 연속적으로 이어지는 여러 중간 결과물로 나누어질 수도 있다. 예를 들어 보라고? 최종 결과물로 발표와 프로토타입(Prototype)이 나올 수 있지만 중간에 인터뷰를 하고 탐구 수첩을 작성할 수도 있다.

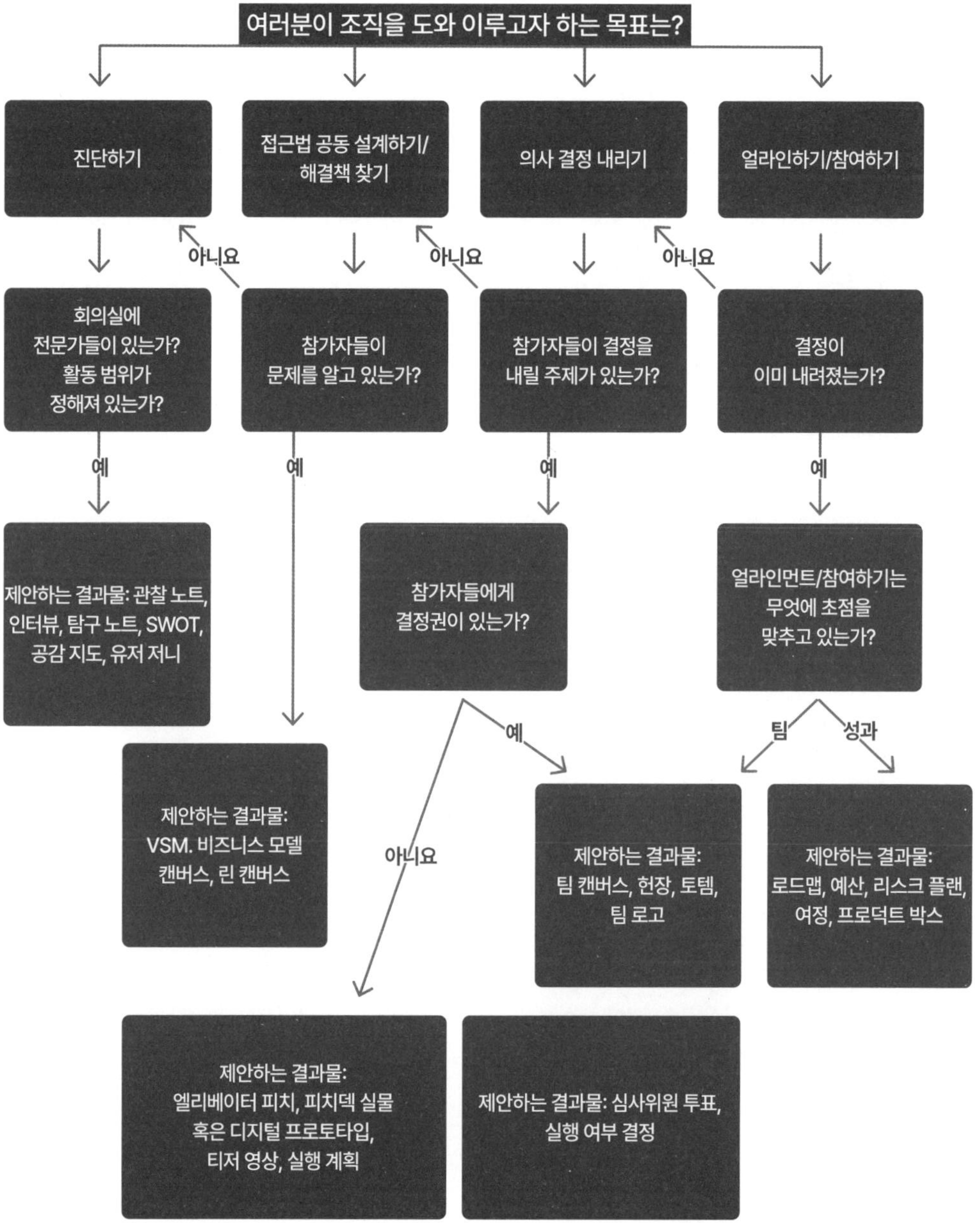
여러분이 조직을 도와 이루고자 하는 목표는?
진단하기
접근법 공동 설계하기/
해결책 찾기
의사 결정 내리기
얼라인하기/참여하기
아니요
아니요
아니요
회의실에
전문가들이 있는가?
활동 범위가
정해져 있는가?
참가자들이
문제를 알고 있는가?
참가자들이 결정을
내릴 주제가 있는가?
결정이
이미 내려졌는가?
예
예
예
예
제안하는 결과물: 관찰 노트,
인터뷰, 탐구 노트, SWOT,
공감 지도, 유저 저니
참가자들에게
결정권이 있는가?
얼라인먼트/참여하기는
무엇에 초점을
맞추고 있는가?
예
팀
성과
제안하는 결과물:
VSM. 비즈니스 모델
캔버스, 린 캔버스
아니요
제안하는 결과물:
팀 캔버스, 헌장, 토템,
팀 로고
제안하는 결과물:
로드맵, 예산, 리스크 플랜,
여정, 프로덕트 박스
제안하는 결과물:
엘리베이터 피치, 피치덱 실물
혹은 디지털 프로토타입,
티저 영상, 실행 계획
제안하는 결과물: 심사위원 투표,
실행 여부 결정

참가자

우리는 여러분의 기억을 끄집어내는 걸 좋아한다. 그 효과가 꽤 좋다! 결정을 내리기 위해 15명 이상이 모여, 안건과 아무 관계 없는 사람까지 한마디씩 거들던 회의를 기억하는가? '다시는 이런 회의를 해서는 안 돼!'라고 생각하고서는 다음에도 또 똑같은 상황이 벌어진다! 워크숍은 만남의 장이 아니다. 무엇보다도 일터다(교류는 그다음의 일이며, 만약 화기애애하다면 잘된 일이다). 워크숍이 최대한 원활히 진행되려면 적합한 사람들, 오로지 그러한 사람들만이 모여야 한다.

적합한 참가자 집단 분석

여러 영역을 넘나드는 사람(창의성을 위해서는 이게 최고다). - 평등에 대한 최소한의 존중을 갖춘 사람. - 동기 부여된 사람. - 주제와 관련이 있는 혹은 적어도 관심이 있는 사람. - 도움이 되는 사람(단순히 보러 오는 사람들이 참가자 수를 늘리기는 하지만 도움이 되지는 않는다).

힌트: 총 2명인 경우를 제외하고 N명으로 이루어진 집단에서 2명씩 교류할 수 있는 경우의 수는 N x (N-1)이다.

참가자들을 서로 연결하라!

총 8명이 있는 집단 내에서 2명씩 교류할 수 있는 경우의 수는 몇인가?

만약 9번째 사람을 추가한다면 2명씩 교류할 수 있는 경우의 수는 몇인가?

그렇다면 퍼실리테이터는?

퍼실리테이터 한 명이 10~15명을 담당한다.

코퍼실리테이션(Co-facilitation)의 이점:

- 물자, 참가자, 워크숍 흐름을 효율적으로 관리할 수 있다.
- 각 그룹마다 결과물을 도출할 수 있다.
- 서로에게 피드백을 줄 수 있다.
- 워크숍의 방향을 실시간으로 조정할 수 있는 다양한 시각을 얻는다.

단, 퍼실리테이터가 여럿인 경우, 대표 퍼실리테이터를 정하라!

정답

8명인 집단=56번, 9명인 집단=72번

"연료가 떨어져 멈추게 되었다 해도 좋은 점이 있다.
연료통이 가득 찼을 때보다 밀기에 더 가볍다는 것이다."
필립 그뤽(Philippe Geluck)

본래 모임이란 복잡한 것이다. 대략 어떤 일이 일어날 거라 예측할 수는 있지만 여전히 놀랄 만한 일이 생길 수밖에 없다. 그럼에도 미리 예측해 본다면 제약 사항과 관련해 어느 정도 대응책을 준비하고 프로세스를 조정할 수 있으며, 여러분이 어떤 입장을 취할지 고민해 볼 수 있다.

밟을 가능성이 있는 지뢰를 색칠하라!

- 참가자들의 에너지에 적응하지 못한다
- 막혔을 때 패닉에 빠진다
- 예상치 못한 위계질서
- 후원자의 부재
- ……………………
- 침묵을 채우고 싶다
- 명료하지 않은 목표
- ……………………
- 한 번에 여러 질문을 한다
- 비언어적 표현에 무관심하다
- 지나치게 느슨한 분위기를 조성하고 싶어 한다
- 너무 빡빡한 일정

평소 여러분이 빠질 수 있다고 생각되는 함정을 적어라.

……………………………………………………………………

……………………………………………………………………

왜 예측해야 하는가?

맞닥뜨릴 수 있는 함정을 파악하다가 도리어 함정에 빠질 수도 있다. 그리고 그 함정이 예상에 없던 것일 수도 있다. 그렇지만 여러분은 적응할 준비가 되어 있을 것이다. 모든 걸 예측할 수는 없다. 바로 그 예측 불가능성이 이 순간을 마법처럼 만들어 준다!

프로세스

이제 여러분이 그토록 기다려 온 본론으로 들어가 보자. 퍼실리테이션을 처음 시작하는 사람들 대부분은 곧장 본론부터 다루려고 한다. 하지만 우리는 다음 조건을 충족한 후에 이번 단계에 진입할 것을 권한다.

- 명료하고, 참여를 촉진하며 제대로 그 역할을 하는 목표가 있다.
- 결과물, 참가자, 시간 제약 등에 대해 명료한 비전이 있다.

다음 도표는 (SOIF 모델처럼) 창의성의 자연스러운 흐름을 따르는 워크숍의 구성을 보여 준다. 워크숍에 반드시 발산, 발현, 수렴 단계가 포함되어야 하는 것은 아니다. 워크숍은 간략한 발산, 내재화 혹은 결정의 순간일 수도 있다.

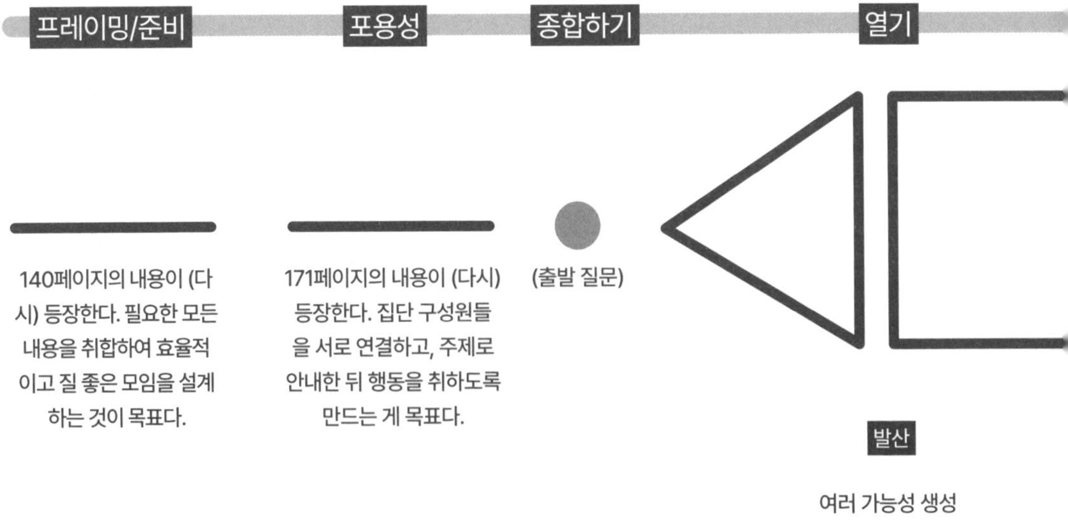

프레이밍/준비
포용성
종합하기
열기
140페이지의 내용이 (다시) 등장한다. 필요한 모든 내용을 취합하여 효율적이고 질 좋은 모임을 설계하는 것이 목표다.
171페이지의 내용이 (다시) 등장한다. 집단 구성원들을 서로 연결하고, 주제로 안내한 뒤 행동을 취하도록 만드는 게 목표다.
(출발 질문)
발산
여러 가능성 생성

워크숍 예시 3가지와 연결 구조

정보 공유 및 피드백 수집

피드백 공유 및 수집 워크숍에는 발산 단계도, 수렴 단계도 없다.

사용자 니즈 탐구

수렴은 중요하지 않다. 목표는 사용자를 집단 차원에서 최대한 이해하는 것이다. 발산과 발현 단계가 적합하다.

팀 회고

팀의 문제를 연구하고, 해결책을 찾고, 실행 계획을 행동에 옮기는 것이 목표다. 열기와 닫기 시퀀스가 반드시 필요하다.

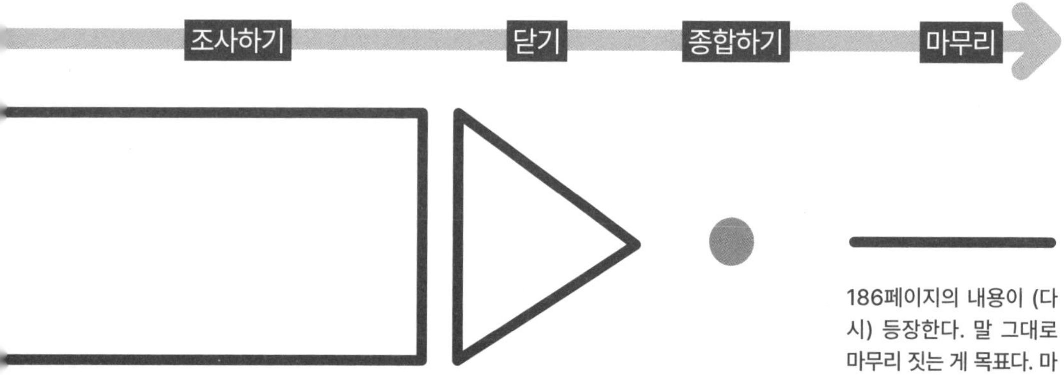

발현

가능성 탐구, 아이디어 간 연결고리 형성, 공유의 시간, 생산적인 갈등 관리, 다양한 조합, 이해, 협상…

수렴

하나 혹은 몇 가지 핵심 해결책으로 수렴

186페이지의 내용이 (다시) 등장한다. 말 그대로 마무리 짓는 게 목표다. 마무리가 워크숍의 성공을 결정짓기도 하고, 집단은 얼라인한 상태로 다시 길을 떠나며 다음 단계로 몸을 던진다.

적절한 프로세스를 위한
6(+1)가지 비결

조직이 목표를 달성하도록 돕기 위한, 견고하고 유연하면서 실현 가능한 워크숍을 설계하는 도전적이고 열정적인 훈련이다. 다음의 6가지 비결은 여러분이 좋은 질문을 던질 수 있게 도와줄 것이다! 7번째 비결은 여러분의 몫이다. 자기 자신에게 어떤 조언을 할 텐가?

I

3단계

1. 일정을 짜라: 조직이 무엇을 경험했으면 하는가?
2. 아이디어를 자유롭게 떠올려라: 제약 없이 아이디어를 떠올려 보고, 주어진 제약 사항에 맞춰 아이디어를 다듬어라.
3. 진행 과정을 완성하라: 취합한 모든 정보와 제약 사항을 바탕으로 견고하고 유연한 틀을 만들어라.

II

여러분이 혼자가 아니라는 사실을 잊지 마라!
준비 회의를 하며 클라이언트와 워크숍을 공동 구성하라.
회의 사이사이에 친구, 동료, 짝에게 반론을 제기해 달라고 요청하라. 그들의 시각은 늘 흥미롭고 새롭다. 참가자의 입장에서도 생각해 보라, 워크숍은 여러분을 위한 게 아니라 그들을 위한 것이다!

III

몸을 움직이고(정적인 워크숍을 지양하라), (참가자들이 무언가를 배울 수 있게) 머리를 쓰고, (여러분이 하는 것을 자신의 경험, 체험, 감정에 연관 지을 수 있도록) 마음을 움직이게 만들어라. 머리, 몸 그리고 마음을 동원하는 것이 참여의 비결이다!

IV

각 단계 및 연습 문제에는 뚜렷한 목적, 다뤄야 하는 주제 그리고 결과물이 있다. 저마다 사용해야 할 설비, 시간, 집단과 공간의 조직에 대한 지시 사항이 다르다는 점을 유의하라.

V

휴식 시간을 가져라! 참가자들이 목표를 달성하기 위해 기운을 회복하고 에너지를 쓰려면 휴식이 반드시 필요하다. 여러분도 마찬가지다. 오프라인 워크숍에서는 최대 2시간의 시퀀스 이후에, 온라인 워크숍에서는 1시간마다 휴식을 취해야 한다.

VI

마지막으로, 리듬을 고려하라. 사고 및 자기 성찰에 유리한 불규칙적인 리듬과 공동 설계 및 창조에 유리한 빠른 리듬을 교차 배치하는 것이다.

VII

....

....

....

전형적인 워크숍 진행 과정을 파헤쳐 보자

워크숍의 전형적인 일정을 파헤쳐 보자. 이는 절대적인 정답이 아니며, 사람에 따라 다른 형식의 일정을 편하게 느낄 수 있다. 4시간짜리 워크숍을 예로 들어 보겠다.

워크숍은 개인 및 공동 작업 그리고 모두가 함께 보내는 순간의 연속이다.

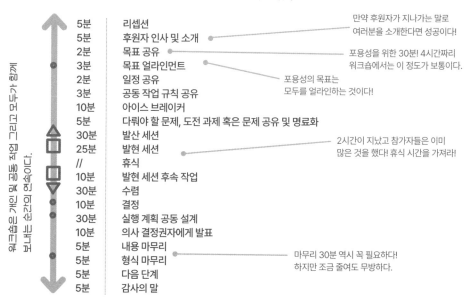

5분	리셉션
5분	후원자 인사 및 소개
2분	목표 공유
3분	목표 얼라인먼트
2분	일정 공유
3분	공동 작업 규칙 공유
10분	아이스 브레이커
5분	다뤄야 할 문제, 도전 과제 혹은 문제 공유 및 명료화
30분	발산 세션
25분	발현 세션
//	휴식
10분	발현 세션 후속 작업
30분	수렴
10분	결정
30분	실행 계획 공동 설계
10분	의사 결정권자에게 발표
5분	내용 마무리
5분	형식 마무리
5분	다음 단계
5분	감사의 말

만약 후원자가 지나가는 말로 여러분을 소개한다면 성공이다! (후원자 인사 및 소개)

포용성을 위한 30분! 4시간짜리 워크숍에서는 이 정도가 보통이다. (목표 공유)

포용성의 목표는 모두를 얼라인하는 것이다! (목표 얼라인먼트)

2시간이 지났고 참가자들은 이미 많은 것을 했다! 휴식 시간을 가져라! (발현 세션)

마무리 30분 역시 꼭 필요하다! 하지만 조금 줄여도 무방하다. (내용 마무리)

준비, 여러분의 체크리스트

디데이를 성공적으로 맞추려면 시각적 매체, 결과물, 지시 사항 등 모든 것을 준비해야 한다. 여기 여러분을 위한 공간을 마련해 두었으니 채워 보라! 여러분의 메모장이다.

후원자의 발표

퍼실리테이터 소개

초대장

벤치마크

영감의 벽

인터뷰

프레이밍

초대장

여러분은 주로 초대장을 통해 워크숍 멤버들과 처음 관계를 맺게 된다. 초대장을 보내는 순간부터 워크숍의 정신을 널리 알리고 워크숍의 틀을 짜기 시작하는 셈이다. 아래 짧은 목록에는 초대장에 담길 내용이 정리되어 있다. 그리고 잊지 마라, 보통 첫인상이 가장 중요하다. 이를 간과해서는 안 된다!

초대합니다 - 팀 워크숍

해당 메일을 받은 당신/귀하를(둘 중 선택하라)

....에 초대합니다.

워크숍의 목표는 ....입니다.

구체적으로 우리는

....할 것입니다.

그렇기에 우리는 다음과 같은 이유로 당신/귀하가 필요합니다.

....

워크숍은 ....부터 ....까지 ....에서 열립니다.

당신/귀하는 사전에 다음 사항을 준비할 수 있습니다.

....

이 종이로 비행기를 접어 날릴 수 있다.

위 초대장의 목적은 미래 참가자들의 참여를 이끌어 내고, 여러분의 의도와 기대를 알리면서 준비할 수 있도록 만드는 것이다.

쓸 만한 커닝 페이퍼

워크숍을 진행하며 여러분 자신과 여러분이 퍼실리테이팅하는 집단을 위해 여러 가지가 필요할 것이다. 이번에는 업무에 쓸 물자, 음식, 음료 등에 대한 이야기다. 오른쪽 페이지의 끝이 보이지 않는 리스트를 보기 전에 무엇이 필요할지 먼저 생각해 보라.

퍼실리테이터의 도구들

(많은 양의) 물 ....

부적(머피의 법칙도 있고, 모르는 일 아닌가) ....

점심 ....

간식 ....

명부 ....

마이크 ....

....

....

....

에너지 곡선에 알맞은 재료를 연결하라.

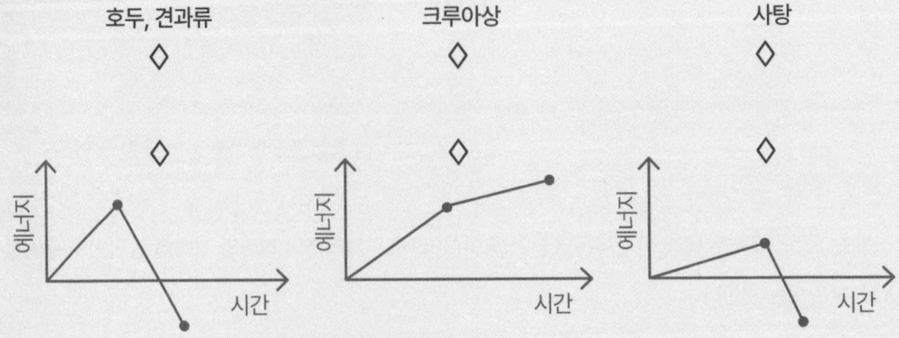

퍼실리테이터의 배낭

너무 많은 것을 준비하고 과소비하기가 쉬우니 하던 대로 'KISS(Keep It Stupid Simple, 단순함을 유지하고 이에 집중하는 것이 이롭다는 원칙)'하라. 다음은 꼭 필요하고 유용하게 쓰일 것들이다!

디지털

- 컴퓨터
- 인터넷
- 어플리케이션: 미로(Miro)/클락슨(Klaxoon)/뮤랄(Mural)/구글 슬라이드 등
- 스카이프(Skype)/줌(Zoom)/미트(Meet) 등
- 충전기
- 작동하는 음향기기 및 마이크
- 웹캠 혹은 카메라

그래픽 퍼실리테이션

- 팁이 둥글거나 비스듬한, 노이란트(Neuland, 독일 커뮤니케이션 툴 전문 브랜드)사의 모델과 같은 마커
- 톰보우(Tombow) 사인펜
- 연필

워크숍

- (정사각형과 직사각형) 포스트잇
- 펜
- 지워지는 벽 혹은 플립차트
- 화이트보드용 마커
- 팁이 둥글거나 비스듬한, 노이란트사의 모델과 같은 마커
- 재접착 테이프
- 스티커
- 조각 접착제
- 대규모 그룹을 위한 (누르면 큰 소리가 나는) 버저

없어도 무방하지만…유용한 것들

- 플립차트 스티커
- 시간을 시각적으로 보여 주는 타이머
- (양손잡이용) 가위
- 카메라
- 레고
- 공
- 스피커
- 프레이밍
- 수첩
- 연필
- 화이트보드
- 판지

기타

- 호두
- 견과류
- 물
- 물통
- 티백

준비 캔버스

PTOME IN

초대 손님: 알렉산드라 스코라, 대인 의사소통 및 연설 코치

흔히 진행 과정, 그룹, 도구 등에 초점을 맞추며 워크숍을 준비하다 보면 그에 못지않게 중요한 것을 놓쳐 버리곤 한다. 그건 바로 여러분 자신(즉, 퍼실리테이터)이다. 이번 준비 연습을 하며 자신에게 좋은 질문을 던지고, 워크숍에 들어가며 가져야 할 마음가짐을 정해 볼 수 있을 것이다. 마음껏 탐구하라!

	주제	질문	내 답변은 이러하고	나는 이렇게 해야한다
P	성격 (Personality)	나의 성격을 어떻게 규정할 수 있을까? 사람들 앞에서 나의 성격을 어떻게 드러낼 것인가?		
T	주제 (Theme)	나는 주제와 도전 과제를 이해했는가? 참가자들이 주제와 도전 과제에 대해 이해한 바를 왜곡하지 않으면서 설명할 수 있는가?		
O	객관성 (Objectivity)	주제에 대한 나의 의견은? 내 생각과 거리를 두고 중립성을 유지할 수 있는가?		
M	제어 수단 (Means of mastery)	회의를 진행하는 내내 균형을 유지할 수 있는가? 균형 혹은 객관성을 잃는다면 어떻게 되찾을 것인가?		
E	감정 (Emotion)	회의 시작 전 그리고 회의를 진행하는 동안 나는 어떤 감정(분위기)을 살리고 싶은가? 그러기 위해서는 어떻게 해야 하는가?		

준비 캔버스

PTOME OUT

여전히 준비 단계에 해당하는 두 번째 도구가 이번에는 여러분이 현장의 소통에 집중하도록 도와줄 것이다. - 조직과의 관계에서 어떤 포지션을 취하고 싶은가? 아래 표는 우리가 흔히 워크숍에서 뒤늦게 던지는 질문으로 인도해 준다는 점에서 이전 페이지의 표를 보완한다.

	주제	질문	내 답변은 이러하고	나는 이렇게 해야한다
P	대중 (Public)	회의 참가자들의 성격은 어떠한가?		
T	시간 (Time)	내게 얼마만큼의 시간이 있는가? 시간을 어떻게 관리하고, 압박감을 주지 않으면서 일을 진행시킬 것인가?		
O	목표 (Objective)	오늘의 목표는 무엇인가?		
M	메시지 (Message)	회의 초반에 내가 전달하고자 하는 메시지는 무엇인가?		
E	환경 (Environment)	수용 조건(장소, 조직)이 직접적이고 참여를 유발하는 커뮤니케이션을 가능케 하는가?		

휴식을 취하라

워크숍 준비가 끝이 났고, 이제 시작할 일만 남았다.

먹을 과일이 없다면 이 페이지에서 숨을 돌려라.

여러분이 원하는 대로 두 페이지를 까맣게 채우면서 스트레스를 발산하라!

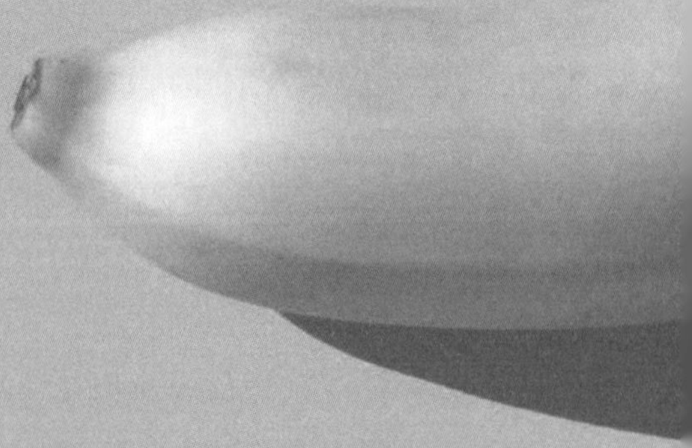

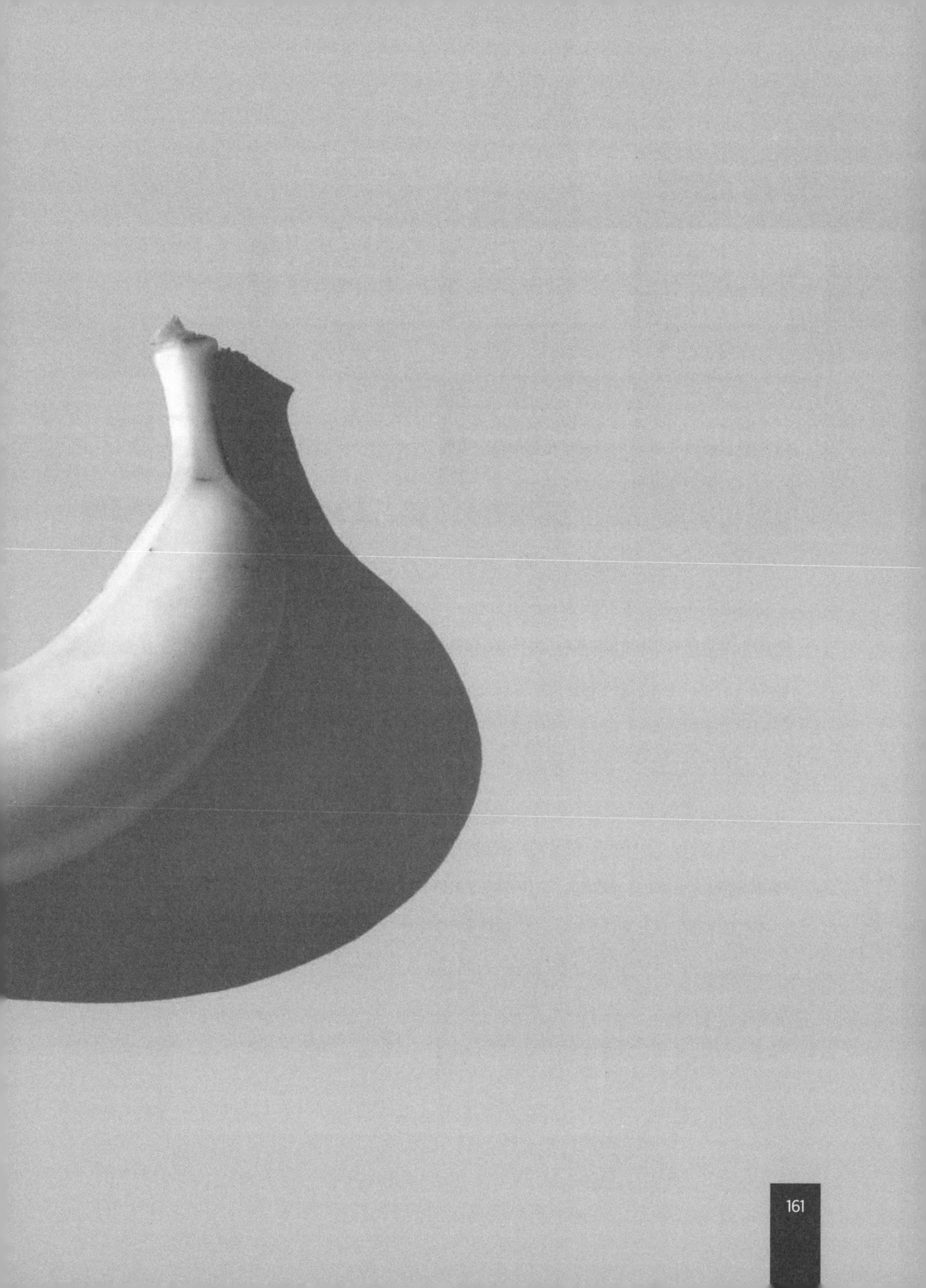

환경 관리

참가자들을 특별한 분위기에 빠지게 만들어야 그들을 일상에서 끄집어낼 수 있다. 좋은 환경은 집단 지성의 두 가지 강력한 원동력인 창의성과 참여에 영향을 미친다. 여러분은 무슨 일을 해야 할지 잘 알고 있다!

환경에 대한 생각을 알아보기 위해 스스로 던질 질문들

◇ 어떤 분위기가 나의 워크숍에 도움이 되는가?

◇ 나에게 가장 좋은 조건은 무엇인가?

◇ 나는 어떤 어조(심각한, 안심시키는, 재밌는...)로 말하고 싶은가?

◇ 그러한 분위기를 조성하기 위해서는 무엇(음악, 음향, 설비, 장식, 공간, 조명 등)이 필요한가? 언제 필요한가?

◇ 참가자들을 위해 조성되었으면 하는 분위기는 언제 시작되는가? 언제 끝나는가?

◇ 내가 퍼실리테이션을 진행할 회의실을 잘 아는가?

◇ 그렇지 않다면 다음 질문을 던져 보라. 벽에 게시물을 붙일 수 있는가? 가구가 바닥에 고정되어 있는가? 불필요한 가구를 다른 곳으로 옮길 수 있는가?

◇ 그 분위기에 최대한 도움이 되려면 공간을 어떻게 사용해야 하는가?

◇ 공간의 어떤 제약 사항을 받아들일 수 있는가?

◇ 받아들일 수 없다고 생각되는 공간의 제약 사항에는 어떤 것이 있는가?

◇ 무엇(표지판, 캔버스, 영감 이미지 등)을 게시할 것인가?

◇ ....

◇ ....

예산이나 공간의 한계 때문에 늘 하고 싶은 대로 할 수 없다는 사실에 동의한다. 그 사실을 간과하지 마라!

회의실

게임 심즈(Sims)에서처럼 다음 사항에 최대한 부합하는 방을 그려라.
여러분의 워크숍은 반드시 다음을 충족해야 한다.

- 발표를 하기 위해 15명이 모이는 전체 회의
- 5명으로 구성된 총 3개의 실무 그룹
- 참가자들이 한 테이블에서 다른 테이블로 이동할 수 있는 그룹 사이의 여유 공간
- 영감 이미지를 게시할 수 있는 공간
- 그래픽 퍼실리테이션을 위한 공간
- 프로토타이핑 자재를 위한 공간

이 모든 공간이 마련되어야 하며, 여러분에게는 다음 목록에 나열된 자재가 주어진다. 단, 여러분의 방에는 이미 몇 가지 고정된 제약 조건(창문, 문, 기둥)이 있다. 삶은 늘 적응의 연속이다!

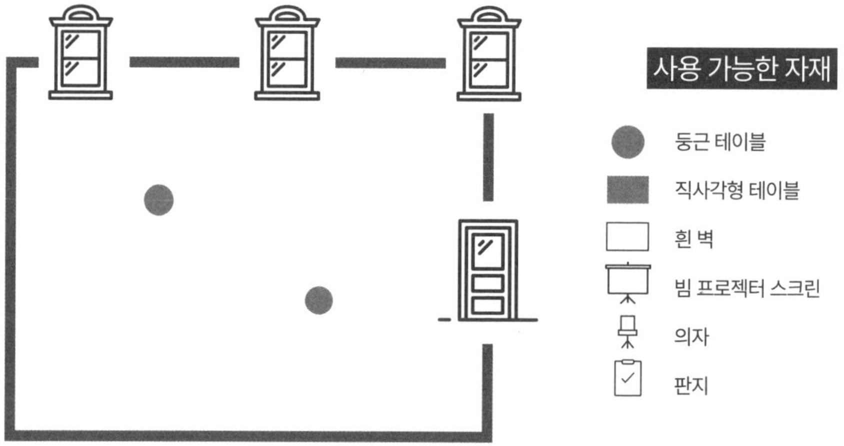

MINI QUIZ ④

사각형 방에 있는 참가자 9명을 한 명씩
서로 떨어뜨려 놓아야 한다.
두 개의 사각형만을 이용해 참가자들을 분리하라.

시간 관리

워크숍에서 시간은 중요하다. 우리는 본디 시간에 얽매여 있기 때문에 시간을 어떻게 써야 조직의 의도를 충족할 수 있을지 잘 생각해야 한다. 시간은 속도(분), 작업 리듬, 모듈 진행 속도의 균형일 뿐이다.

시간을 가지고 놀 수 있는 몇 가지 조언

◇ 워크숍 일정을 세세하게 짰는가?

◇ 나의 모듈은 각각 40분 미만인가?

◇ 각 시퀀스의 시간은 참가자들이 결과물을 내기에 충분한가?

◇ 일정은 유연한가? 세션을 하는 동안 시간을 조정할 준비가 되었는가?

◇ 혹시 모를 경우를 대비하기 위한 대안 일정이 있는가?

◇ 일정은 사람의 생체 리듬을 따르는가?

◇ 참가자들에게 시간을 어떻게 알릴 것인가?

◇ 내가 퍼실리테이팅하는 조직에 시간을 담당하는 책임자가 있는가? 나의 퍼실리테이션 팀에는 있는가?

◇ 휴식 시간을 잘 고지했는가? 모두에게 감사 인사를 한다며 내 맘대로 15분 전에 끝내려고 하는가?

◇ ....

◇ ....

"절대로 시간의 노예가 되지 마라."

푸하(Fouras)

(주어진 시간 동안 미션을 수행해야 하는

프랑스 예능 프로그램 <포트 보야르(Fort Boyard)>의 열쇠 관리인)

≪← MINI QUIZ ④의 정답

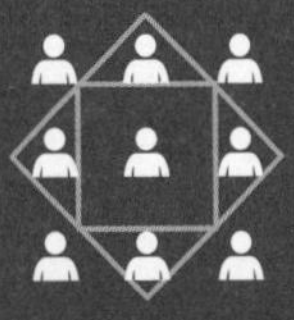

생체 리듬에 따라 알맞은 타이밍을 선택하라

여러분은 지금 워크숍을 준비하고 있고, 참가자들의 리듬을 워크숍에 맞추어야 한다. 신체 에너지를 고려하여 아래 숫자를 곡선 위 적절한 위치에 적어 넣어라.

1. 30분 발표
2. 의사 결정 세션
3. 아이디어 창출(아이데이션)
4. 심화 작업

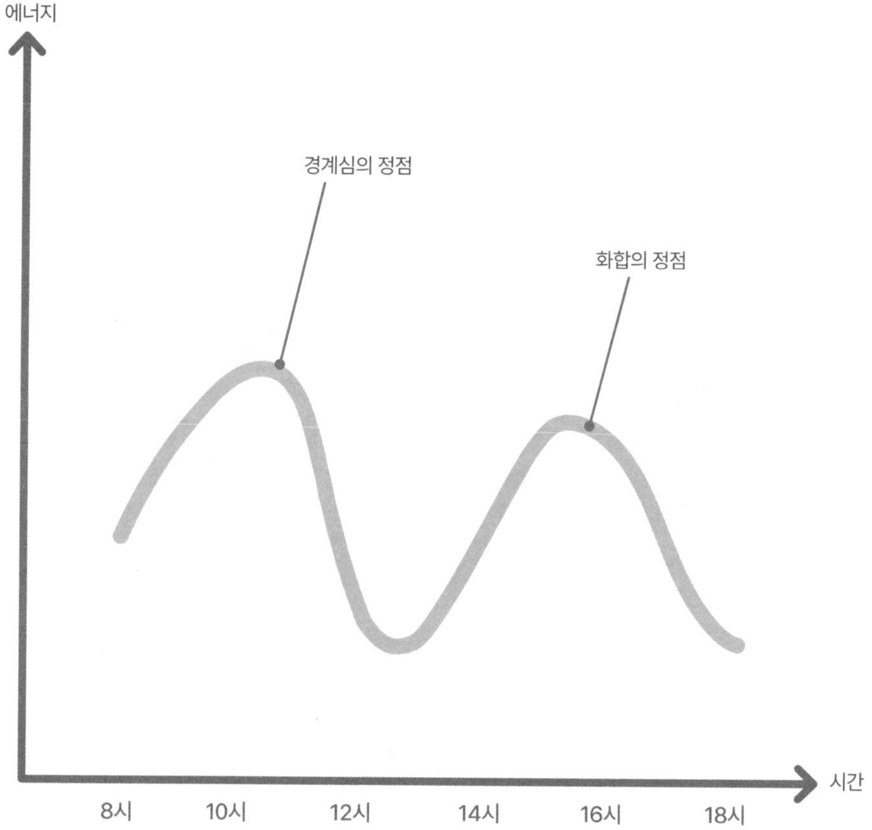

여러분의 벽을 준비하라

회의실과 일정은 정해졌고, 모든 준비가 끝났다! 뭐, 거의 다 된 거나 마찬가지다. 아직 참가자들에게 몇 가지 핵심 사항을 명시하지 않았다면 명확하게 알려라!

예를 들어, 두 시간이 지난 뒤에 참가자들이 목표를 찾는다고 에너지를 낭비해서는 안 된다. 모든 필수 정보를 가지고 여러분의 입맛대로 벽을 구성하라.

목표

모두에게 목표가 뚜렷이 각인되면 의사 결정이 수월해지고 그 누구도 자신이 왜 여기에 있는지 모르겠다는 말을 하지 않는다.

일정

참가자들은 늘 뚜렷하고, 상황에 따라 바뀌고, 업데이트되는 일정의 진행 상황을 실시간으로 알 수 있다!

피드백 벽

여러분이 발전하거나 워크숍을 개선하기 위해 필요하다.

주차장(Parking)

즉흥적으로 나오는 질문을 피하기 위해 질문을 적을 공간을 마련해 두고 나중에 다시 다룬다.

황금률(Golden rules)

프레임을 공유하고 게시하는 것이 자주 큰 도움이 된다.

기대

참여를 독려할 수 있는 가장 좋은 방법은 기대에 부응하려 노력하는 것이다! 기대하는 바를 알아보라!

날씨

여러분의 마음이 편하다는 조건 하에 조직의 '생기 있는 상태'를 되찾기 위해 필요하다.

이건 플립차트 혹은 커다란 포스트잇이다.

워크숍이 온라인으로 진행된다면?

(최근에는 더욱더) 다양한 이유로 워크숍이 온라인으로 열리고 있다. 방이나 사무실에서 혼자 헤드셋을 끼고 워크숍을 퍼실리테이팅하게 된다. 역설적이라고? 이제는 그렇지도 않다. 물론 여러분에게 동일한 경험을 선사한다고 할 수는 없지만 정말로 좋은 결과를 얻을 수도 있다!

퍼실리테이터에게도 어렵겠지만 참가자의 입장에서 생각해 봐라! 제대로 진행되지 않는다면 공포스러울 것이다. 퍼실리테이션이 온라인으로 진행될 때에는 다음과 같은 차이점이 있다.

통탄의 벽

참가자 혹은 퍼실리테이터로 이미 겪었던 상황이라면 눈물에 색칠하라 (어떠한 판단도 하지 않겠다!).

- 자신의 처참한 집중력(이메일, 멀티태스킹, 아이들 등)
- No man's land! 카메라는 모두 끊기고, 마이크도 꺼졌다. 거기 누구 없나요?
- 도구를 사용할 줄 모르는 사람이 있어 시작하기가 어렵다.
- 지각하는 사람이 많네? 시차가 있는 건가?
- 혼돈의 와이파이 연결
- 계속해서 말을 끊는 사람들
- 어린이집이나 다름없는 집에서 마이크 끄는 걸 잊은 사람
- 한꺼번에 이렇게 많은 도구를 쓰다니, 지금 뭐 할 차례예요?
- 누가 터널 속에서 말하고 있는 거 같은데 뭐라고 했어요?
- 보너스: 웹캠을 꺼야 한다는 걸 잊어버리고 화장실에서 볼일을 보는 사람. 정말로 그런 사람이 있었다!
- 사용법이 어려운 도구들

실전을 위한 조언 몇 가지!

- 워크숍 개최 전 참가자들의 세팅 확인(계정 생성, 후원자 측의 도구 소개 등)
- 2개 이하의 도구(회의용 영상 도구 1개, 공동 설계 도구 1개)
- 전체 흐름을 담당하는 퍼실리테이터 1명+기술(도구 등)을 담당하는 퍼실리테이터 1명
- 그리고 KISS(Keep It Stupid Simple)

목적과 일정

7+1 오류 게임: 벽에 붙인 종이에서 오류 8개를 찾아라.

목적

인간의 비합리성에 대한
해결책 찾기

일정

9h 30 - 아이스브레이커
10h - 브레인스토밍
10h 30 - 수렴
11h - 발현/토론
12h - 점심
12h 30 - 발현/토론 후속 작업
14h 30 - 프로토타이핑
17h - 발표

정답

1. 목적은 하나가 아니다(올바른 목적 설정에 대한 144페이지 내용 참조).
2. 참가자들을 맞이하는 시간이 없다.
3. 일정 소개가 없다.
4. 쉬는 시간도, 에너자이저(Energizer)도 없다.
5. 브레인스토밍과 수렴이 합쳐져 발현의 단계로 넘어가야 한다.
6. 수렴 시간이 너무 짧다.
7. 점심시간이 너무 짧다.
8. 마무리하는 시간과 다음 단계를 안내하는 시간이 없다.

황금률

워크숍은 퍼실리테이터와 참가자들이 맺는 '사회 계약'이다. 여느 계약과 다름없이 각 개인이 안전하게 발전할 수 있는 틀을 만들려면 반드시 몇 가지 규칙을 세워야 한다.

하지만 여러분은 모두가 자신을 따르도록 만드느라 독재자로 보일 수도 있고, 물론 엄청난 창의력이 발휘될 수도 있지만 그렇다고 해서 모두에게 적합하다고 할 수는 없는 버닝맨(미국 네바다주에서 매년 인간 모형을 태우는 페스티벌로 다양한 사람이 모인다)의 분위기를 만들 수도 있다. 그 사이에서 균형을 잡아야 한다!

여기 몇 가지 규칙이 있다. 적합하다고 생각되는 규칙으로 빈칸을 채워라.

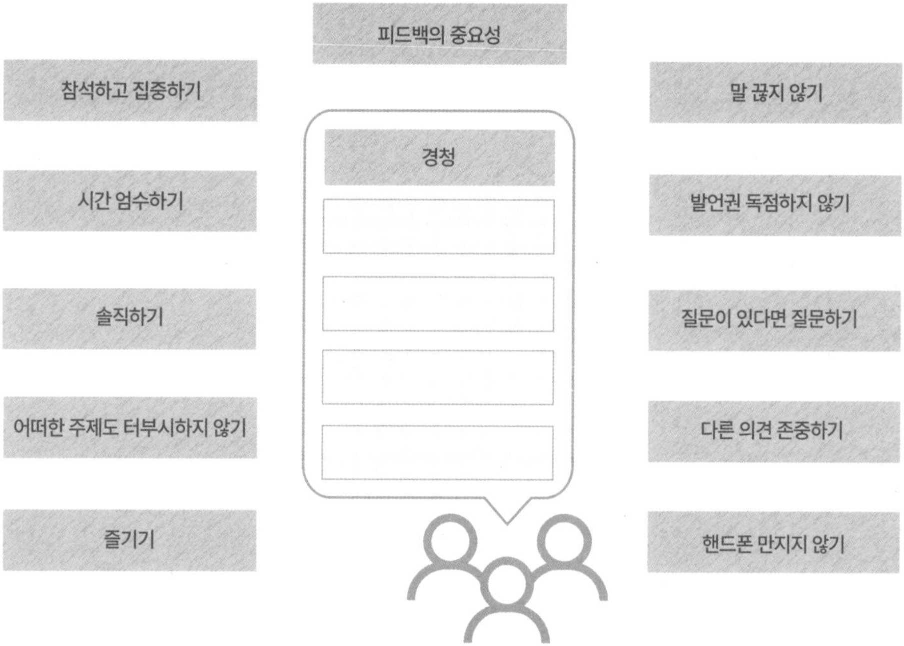

조언: 시간적 여유가 있다면 참가자들이 규칙을 직접 써 보도록 하라! 글씨로 쓰면 규칙을 더 충실히 지키게 된다.

아이스브레이커와 에너자이저를 선택하라(다른 선택지는 없다…).

가장 좋은 아이스브레이커는?

아이스브레이커가 있었는지 참가자들이 의식조차 하지 못한 아이스브레이커가 가장 좋다. 프로세스의 일부인 아이스브레이커는 참가자들을 한데 모으려는 목표와 관련해 그 의도가 명료하고 뚜렷하다. 하고 난 뒤에야 꼭 필요했다고 여겨지고는 한다. 만약 그러한 반응을 얻었다면 거의 의심할 여지 없이 여러분의 선택이 적절했다는 의미이지만… 이런 맥락에 한해서 그렇다.

각 활동을 설명할 예시를 찾아라. 구글 검색을 이용하라.

아이스브레이커(게임이 아니다!)는 조직의 구성원들을 연결하고, 교류를 촉진하고, 참가자들 간에 신뢰 관계를 형성하기 위한 간단한 활동이다.

에너자이저(사방으로 뛰어다니는 게 아니다!)는 (말 그대로) 조직에 에너지를 다시금 불어넣기 위한 짧은 활동을 말한다.

이건 구글에 나오지 않는다. 오스틴 클레온(Austin Kleon)의 아이디어를 슬쩍해 온 것인데, 삼각형을 걸어 두고 (예를 들어, 피라미드, 토블론 초콜릿 등과 같은 아이디어를 최대한 끌어내면서) 참가자들에게 떠오르는 생각을 적어 보게 한다.

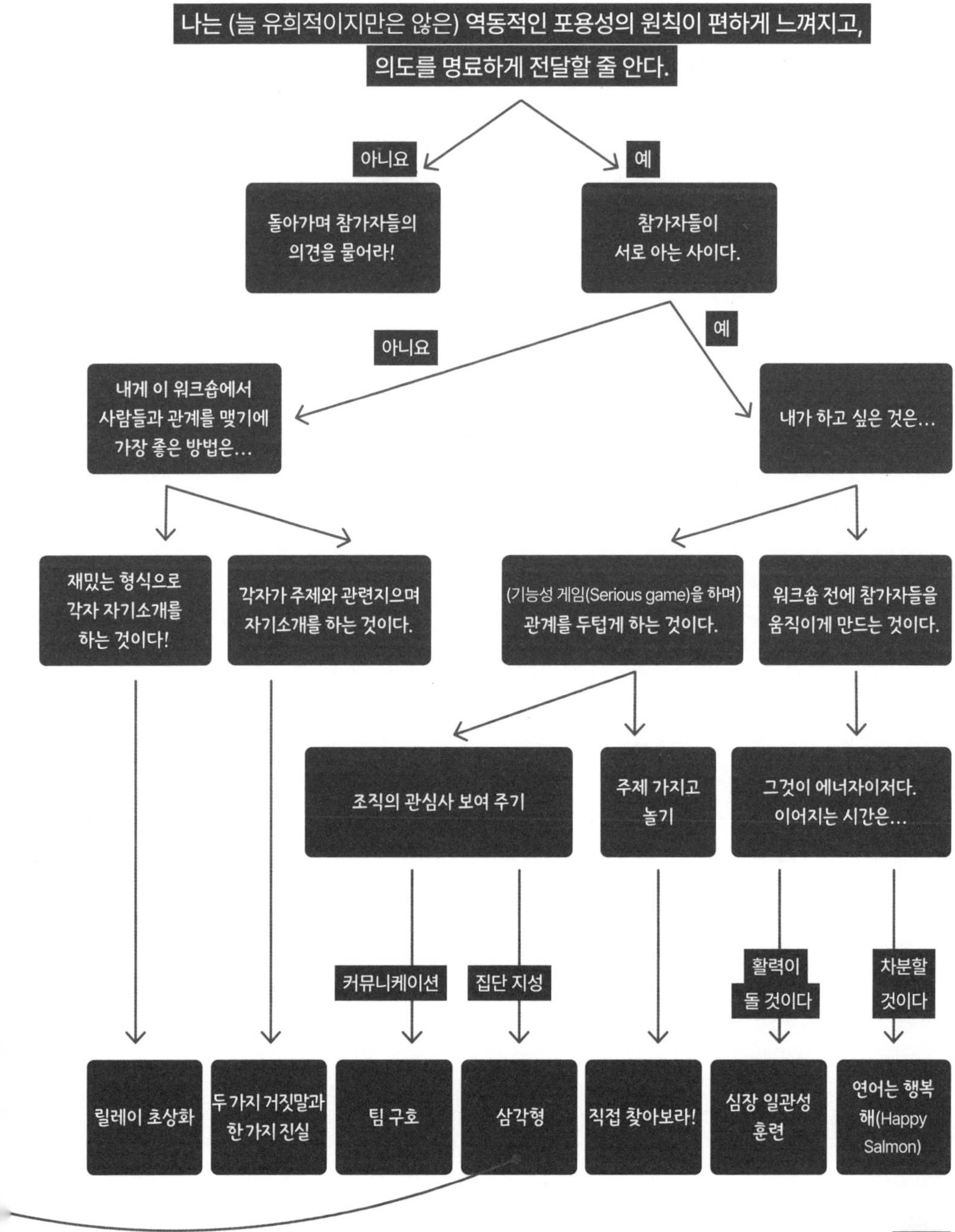
나는 (늘 유희적이지만은 않은) 역동적인 포용성의 원칙이 편하게 느껴지고,
의도를 명료하게 전달할 줄 안다.
아니요
예
돌아가며 참가자들의 의견을 물어라!
참가자들이 서로 아는 사이이다.
아니요
예
내게 이 워크숍에서 사람들과 관계를 맺기에 가장 좋은 방법은…
내가 하고 싶은 것은…
재밌는 형식으로 각자 자기소개를 하는 것이다!
각자가 주제와 관련지으며 자기소개를 하는 것이다.
(기능성 게임(Serious game)을 하며) 관계를 두텁게 하는 것이다.
워크숍 전에 참가자들을 움직이게 만드는 것이다.
조직의 관심사 보여 주기
주제 가지고 놀기
그것이 에너자이저다. 이어지는 시간은…
커뮤니케이션
집단 지성
활력이 돌 것이다
차분할 것이다
릴레이 초상화
두 가지 거짓말과 한 가지 진실
팀 구호
삼각형
직접 찾아보라!
심장 일관성 훈련
연어는 행복해(Happy Salmon)

단계별 기능성 게임

재밌는 상황을 연출하려고 하면 듣게 되는 말들이 있다. "또 게임이야!", "우리는 게임하러 온 게 아니에요…", "아이스브레이커 지겨워!"… 알다시피 회사에서의 기능성 게임은 새로운 발명품도, 만병통치약도 아니다! 오히려 그 반대다.

관계 형성을 위한 아이스브레이커든, 환경을 조성하거나 혹은 다른 의도로 하는 에너자이저든지 간에 조직은 '기능성 게임'을 하며 가장 낮은 리스크로 시험하고, 관계를 맺고, 대안을 찾고, 배우고, 발전할 수 있다. 잘 사용한다면 조직을 움직이는 훌륭한 원동력이 된다. 단점이 있다면? (모든 형태의) '기능성 게임'이 아무런 의도 없이, 뚜렷한 디브리핑 없이, 초대 없이 진행되는 경우가 많다는 것이다…. 그냥 아무렇게나 하는 거다. 그렇다면 어떻게 '기능성 게임'을 지겹도록 하는 우스운 게임이 되지 않으면서 도움을 줄 수 있는 방향으로 진행할 수 있을까?

여러분의 다음 기능성 게임에서 벌어질 일을 미리 살펴봐라!

사전에 던질 질문	여러분이 이 활동을 하려는 이유를 알고 있나? 좋다, 그 이유를 적어라! 만일 모른다면 마음이 아프지만 여기서 멈춰라! 다시 처음으로 돌아가라!	
1. 소개	좋다, 여러분은 이유를 알고 있다! 여러분의 의도를 초대장의 형식으로 조직과 공유하라. 참가자들이 왜 그 활동을 해야 하는지 알아야 하는 건 맞지만 너무 많은 정보를 주지는 마라.	
2. 브리핑	(명료한) 지시 사항, 시간, 준비물에 대한 정보를 전달하라!	
3. 활동하는 동안	경청하고 관찰하라. 필요하다면 설명을 덧붙여도 좋다.	
4. 마지막 디브리핑	참가자들이 디브리핑을 하며 정보를 끌어낼 수 있도록 한다. 4단계를 거치며 다음 질문에 대한 답을 얻는다. 여러분의 기분은 어떤가요? 활동을 하는 동안 어떤 일이 벌어졌나요? 다르게 할 수 있다면 어떻게 하고 싶은가요? 어떤 정보를 얻었나요? 함께 한 기능성 게임에 대한 추가 정보를 제공하며 마무리한다.	

기능성 게임, 에너자이저, 아이스브레이커 보관함

우리는 이 책에 잡다한 도구를 나열하거나 여러분에게 쉼 없이 정보를 주입하는 대신 여러분이 조금씩 자신만의 목록을 만들어 나갈 공간을 남기고자 했다. 떠오르는 게 없다고? 여러분의 친구 구글은 수많은 아이디어를 가지고 있다. 정보를 검색하고 여기에 적어 보라.

친해지기 위한 기능성 게임 (아이스브레이커)

여러분은 어떤 사람인가? / 왜 그렇게 생각하나?

....

....

준비를 위한 기능성 게임 (에너자이저)

연어는 행복해(Happy Salmon)
혹은 펑키 치킨(Funky Chicken)

....

....

개념, 아이디어 혹은 방법을 시험하고, 배우고, 이해하기 위한 기능성 게임

그 개념과 관련된 이 책의 모든 게임

....

....

공동 설계를 위한 기능성 게임

프로덕트 박스

....

....

자기 계발을 위한 기능성 게임

블랑망제 레트로(Blanc Manger Rétro)

....

....

....

MINI QUIZ ⑤, 자신 있다면 덤벼 보라!

연필을 한 번도 떼지 않으면서 어떻게 원과
원의 중심을 이을 수 있을까?

발산

핵심 질문 혹은 문제에 관한 수많은 아이디어가 쏟아져 나오는 단계다! 아이디어의 질보다 양을 노려야 한다. 흔히 브레인스토밍에 연계되는 이번 단계에서는 팀이 앞으로 가다듬고 발전시킬 작업의 재료를 얻을 수 있다. 재료가 광범위하고 다양할수록 다음 단계는 흥미로워진다. 이번 발산 단계에서 여러분의 역할은 조직을 움직일 적절한 원동력을 이용해 모든 잠재력을 이끌어 내고, 창의성을 극대화하는 것이다!

여기 5개의 선으로 이루어진 아름다운 도형이 있다! 무슨 생각이 드나?
떠오르는 생각 30개를 적어라! 도전을 받아들이겠나?

왜 30개냐고? 대개 처음 떠오르는 생각 15개는 실망스럽고, 고전적이고, 틀에 얽매여 있다. 그다음에 떠오르는 생각 10개는 강력하고 가치가 있고, 그다음 생각 5개는 깊은 곳에서 끌어올린 것으로 기계를 마구 돌리고 남은 극소량의 마지막 에너지와 같다. 퍼실리테이팅을 하며 이 단계에서 진정으로 생각을 발산하는 시간을 가져라. 단, 이러저리 날뛰다 배터리가 방전되지 않도록 조심하라.

MINI QUIZ ⑤의 정답

앞 문장은 모든 원이라고 하지 않고 그저 원이라고만 명시했다. 따라서 반지름이 0인 원을 그려 볼 수 있겠다. 문제는 점 하나를 찍는 것만으로 풀 수 있다. 지시 사항을 명확하게 주는 것은 결코 쉽지 않다! 이번 퀴즈는 베르나르 베르베르의 《타나토노트》에서 가져왔다.

조직의 아이디어를 샘솟게 하기 위해서는 상이한 창의성 메커니즘을 발동시켜야 한다. 아이디어의 원천이 여럿일 때 더 큰 도움을 받을 수 있는데 하나에만 기대기 아쉽지 않겠는가?

완벽한 샌드위치는 무엇일까?

샌드위치로는 세계 일등인 미국을 보고 영감을 얻는다면 어떤 아이디어를 가져올 것인가?

마지막으로 여러분에게는 당장 쓸 빵이 없다. 여러분은 어떤 샌드위치를 만들겠는가?

위의 간단한 문제는 각각 세 가지 형태의 창의성 즉, 자유로운 창의성, 영감을 받은 창의성 그리고 제약 사항에 놓인 창의성을 발현시킨다. 여러분은 매우 다양한 아이디어를 적었지만 모두 '맛있는 샌드위치 재창조하기'라는 주제에 부합한다.

다채로운 창의성 메커니즘이 작동해야 최고의 결과물을 낼 수 있다!

발산

퍼실리테이션에 브레인스토밍만 있는 건 아니다!

우리는 종종 발산과 브레인스토밍을 연관 짓는데 편협하기도 하고 안타깝기도 한 생각이다. 오늘날에는 다채로운 활동이 구체적인 문제와 관련해 조직의 발산에 도움을 주고 있다.

조직의 원활한 아이디어 발산을 위한 몇 가지 핵심 장치를 소개한다. 여러분의 장치로 완성해 보라!

360도 발산

- ◇ 에드워드 드 보노의 모자 기법(회의 진행을 원활히 하고 의사 결정을 촉진시키는 기법)
- ◇ 브레인스토밍
- ◇ 브레인라이팅(Brain writing, 635기법)
- ◇ 마인드맵핑(Mind-mapping)
- ◇ 크레이지 8(문제에 대한 여러 해답을 이끌어 내는 아이디어 창출 기법)
- ◇ 연꽃 개화 기법(Lotus Blossom, 브레인스토밍의 일종으로 아이디어를 안에서 밖으로 퍼뜨려 나가는 기법)
- ◇ ....
- ◇ ....
- ◇ ....

제약과 유연함

- ◇ 유저 저니
- ◇ 제약이 가해지는 아이디어 발산
- ◇ 리프레이밍(Reframing: '만약에…')
- ◇ 강제연결법(Forced connection)
- ◇ ....
- ◇ ....
- ◇ ....

실전을 위한 조언

단체로 창의성 훈련을 할 때 발산 시퀀스를 하고 아이디어를 공유한 뒤 발현 단계로 넘어가는 퍼실리테이터가 많다. 우리는 발산 단계를 두 개의 시퀀스로 나누어 진행할 것을 권한다. 먼저 (각자 자기 자리에서 조용히) 개인 시퀀스를 하고 나서 공유 및 논의 단계로 넘어가고, 그때 또 다른 발산 시퀀스를 단체로 진행하며 이제껏 나온 아이디어를 더 심화시키고, 결합하고, 연결하거나 또 다른 아이디어를 추출하는 것이다. 두 번의 시퀀스를 하며 참가자들은 개별적으로 생각할 시간을 가지면서 다른 사람들과 의견을 교환할 수 있다.

영감

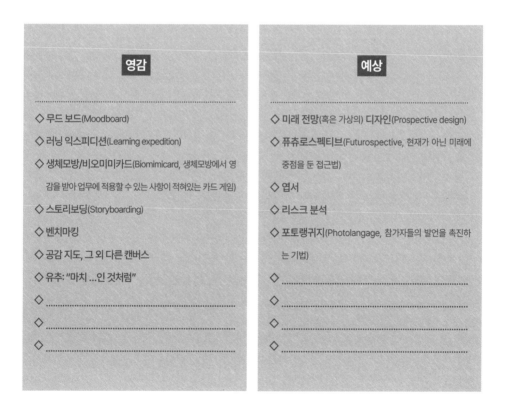

- ◇ 무드 보드(Moodboard)
- ◇ 러닝 익스피디션(Learning expedition)
- ◇ 생체모방/비오미미카드(Biomimicard, 생체모방에서 영감을 받아 업무에 적용할 수 있는 사항이 적혀있는 카드 게임)
- ◇ 스토리보딩(Storyboarding)
- ◇ 벤치마킹
- ◇ 공감 지도, 그 외 다른 캔버스
- ◇ 유추: "마치 ...인 것처럼"
- ◇ ....
- ◇ ....
- ◇ ....

예상

- ◇ 미래 전망(혹은 가상의) 디자인(Prospective design)
- ◇ 퓨츄로스펙티브(Futurospective, 현재가 아닌 미래에 중점을 둔 접근법)
- ◇ 엽서
- ◇ 리스크 분석
- ◇ 포토랭귀지(Photolangage, 참가자들의 발언을 촉진하는 기법)
- ◇ ....
- ◇ ....
- ◇ ....
- ◇ ....

발현

수렴과 발산 단계 사이에 있는 발현은 조금 덜 알려지기는 했지만 창의성과 복잡한 문제 해결 프로세스에 없어서는 안 되는 단계다. 흔히 '탐험' 단계로도 불리는데 이때 밀도 높고 풍성한 의견 교환이 이루어지고, 사람들은 아이디어와 의견을 힘껏 방어하기도 한다. 언급된 아이디어들은 재구성되고, 조합되고, (아마도) 번뜩이는 무언가를 만들어 낸다!

하고 싶은 말이 뭐냐고? 이번 단계가 여러분에게 고통스러울 테지만 가장 흥미로울 것이다! 기 아즈나르(Guy Aznar, 프랑스 창의력 연구가)는 발현 단계를 '연결의 시간'이라고 했다. 근사한 표현이다.

발현 단계에서 두드러진다고 생각되는 것을 적거나 체크하라.

◇ 연결
◇ 정제
◇ 갈등
◇ 공유
◇ ....
◇ ....

◇ 발견
◇ 좌절
◇ 열정
◇ 탐구
◇ ....
◇ ....

◇ 걱정
◇ 설명
◇ 협상
◇ 지루함
◇ ....
◇ ....

미국의 저명한 퍼실리테이터 샘 케이너(Sam Kaner)는 '으르렁 지대'라는 개념을 만들었다. 케이너는 참여적 방법에 갈등이 내재되어 있으며, 심지어 갈등이 필요하다고 말한다. 진정한 집단 지성 워크숍의 저력은 '으르렁 지대'에서 나온다. 이 유명한 '으르렁 지대'에서의 퍼실리테이터 역할이 중요하다. 워크숍이라는 여정의 끝에 도달하고 집단이 해결책을 찾는 데 반드시 필요한 단계로 사람들의 기질과 행동이 격화되기에 특별히 주의를 기울여야 한다.

으르렁 지대를 잘 다루기 위한 길잡이

참가자들에게 아이디어 제안에서 그치지 말고 한 걸음 더 나아가 경험을 공유해 달라고 하라.서로 가까워지는 데 도움이 된다.

으르렁 지대의 진행 시간을 설정하라. 너무 길면 사람들이 싫증을 내거나 신경질을 낼 수 있고, 너무 짧으면 의견 교류의 결과물을 활용할 수가 없다.

다음 단계로 넘어가기 전 휴식 시간을 가지며
사람들이 마무리를 짓거나 흥분을 가라앉힐 수 있도록 하라.

여러분은 틀을 잡는 사람이다. 황금률을 존중해야 하는 빡빡한 이번 단계에서 의견 교류는 진실되고 풍부하지만 호의 속에서 이루어질 수 있도록 하라.

목표와 팀을 잊지 마라!

현재 으르렁 지대에 있으며
그러한 상황이 정상이라는 사실을 그룹에 인지시켜라.

발현

독특한 행동 관리하기

어느 조직에서든지 다양한 사람들, 행동, 믿음을 찾아볼 수 있다…. 이러한 다양성은 으르렁 지대(이전 페이지)에서 더 심화된다. 그렇다면 이러한 다름을 어떻게 다뤄야 할까?

일곱 난쟁이를 참고하라! 일곱 난쟁이에게는 잘 어울리는 이름이 붙어 있다. 워크숍 구성원들과 유사성을 찾는 게 그리 어렵지는 않을 것이다.

퍼실리테이터의 대처 방법을 여러분의 워크숍을 방해하는 난쟁이에 연결하라!

동시에 여러분과 가장 닮은 난쟁이에 동그라미를 쳐라.

순진이 A ◊	◊ 1. 한 사람이 발언을 독점하지 않도록 주의하라! 그를 단념시키고자 다른 사람에게 그의 말을 다르게 표현하도록 만든다 하더라도 말이다.
졸음이 B ◊	◊ 2. 냉정함을 유지하고 비난하지 마라. 조직에 게임의 규칙을 다시 상기시키거나 휴식 시간을 이용해 그의 행동이 조직에 미치는 영향을 알려 주고 모두에게 만족스러운 해결책을 찾아라.
박사 C ◊	◊ 3. 그에게 너무 많은 여지를 주지 마라. 워크숍이 호의적이고 잠재적으로 유희적인 분위기 속에서 진행되기는 하지만 워크숍은 농담을 나누는 자리도, 완전히 긴장이 풀리는 시간도 아니다. 조직이 추구해야 하는 목표를 종종 상기시켜라.
궁금이 D ◊	◊ 4. 그가 목표를 향해 잘 나아가고 워크숍에 참여하도록 이끌어라. 최대한 워크숍에 동화될 수 있고, 조직이 앞으로 나아가는 데 도움이 될 만한 업무를 그에게 맡겨라.
심술이 E ◊	◊ 5. 그의 긍정적인 에너지를 조직을 위해 활용하면서도 여러분이 그에게만 집중하는 우를 범하지 않도록 하라.
부끄럼쟁이 F ◊	◊ 6. 여러분이 질문에 파묻히지 않도록 하고 워크숍의 진행을 위해 질문 주차장 혹은 휴식 시간을 활용할 수 있다는 점을 확실히 하라.
.... G ◊	◊ 7. 최대한 참가자가 너무 갑작스럽고 급하게 사람들 앞에 노출되지 않도록 하며 (짝지어 혹은 포스트잇을 이용해 개인적으로) 그의 모든 장점을 파악할 수 있는 기법을 이용하라.

여러분은 어떻게 대처할 것인가?

....

....

그린치를 모르는 사람을 위해 설명하자면 그린치는 1957년 테오도르 수스 가이젤(Theodor Seuss Geisel)이 쓴 책 《그린치는 어떻게 크리스마스를 훔쳤는가!》에 등장하는 캐릭터다. 그린치는 매력적인 두 명의 할머니의 돌봄을 받으며 평범한 어린 시절과 학창 시절을 꿈꿨지만 아이들에게 지독히 괴롭힘을 당하다 쫓겨나게 된다. 그렇게 그린치는 투덜대는 은둔자가 되고, 크리스마스 그리고 크리스마스와 관련된 모든 것을 우습게 여기게 된다. 워크숍의 투덜이들과 닮은 점이 있다면 우연이다(혹은 우연이 아닐지도 모른다).

과장 없이 말해서 여러분을 자극하는 그 사람, 워크숍의 그린치에게 편지를 써 보라.

편지에 여러분이 느끼는 바와 워크숍 동안 그가 그룹과 여러분에게 어떤 도움을 줄 수 있는지 적어라. 긍정적인 효과가 있을 것이다.

그린치에게,

....

....

....

....

....

....

....

....

....

서명:

이전 페이지 정답

G=행복이-A5, B4, C1, D6, E2, F7, G3

수렴

수렴은 착륙에 비견되는 단계로 놓쳐서는 안 된다! 우리는 수많은 아이디어에서 출발해 조직 전체가 발전시키고자 하는 몇몇 핵심 아이디어로 나아가기 위해 이번 단계를 세 번에 나누어 진행한다. 마지막 단계인 수렴의 목적은 참가자들을 다시 땅 위로 데려다주는 것이다. 발현의 단계에서 이야기했던 것을 공유, 구성 혹은 종합하는 단계다.

참가자 한 명 혹은 여러 명이 자신의 해결책, 아이디어나 제안의 가치를 어필하는 게 아니다. 공동의 제안 혹은 종합체를 함께 구성하기 위해 욕심을 버리고, 조직을 위해 봉사하고, 이전에 나왔던 이야기와 경험의 본질을 취할 줄 알아야 한다. 집단 프로젝트를 지속하기 위해 반드시 필요한 선택을 내리는 것이다.

I

발현 단계가 끝나면 그룹이 내놓은 수많은 아이디어를 마주하게 된다. 100개가 넘는 아이디어를! 곧장 투표를 진행하는 건 실패로 가는 지름길로 투표 결과를 분산시킬 수 있다.
아이디어 선별은 우리가 가늠하지 못할 정도의 가치를 지닌다!

선별할 때 쓸 도구들

◇ 2×2 표(다음 페이지).

◇ 보물/세탁기/쓰레기통(184페이지).

II

그룹이 제시한 아이디어의 개수를 어느 정도 줄이면 여러분은 그중 하나 혹은 몇몇 핵심 아이디어를 추릴 수 있는 투표 형식의 접근법을 이용해 아이디어들을 수렴한다. 그 정도만 해도 충분하지만 반대의 의견을 가지고 있어 제대로 참여하지 않고 있는 사람이 있을지도 모른다.

주요 도구: 스티커 투표

각자가 선택하고 싶은 주제 혹은 아이디어에 N개의 스티커(1<N<5)를 붙인다. 빠르고, 효율적이고, 간단하고, 모두가 이미 알고 있는 방법이다!

퍼실리테이션을 위한 조언이 있다면?

사람들에게 스티커를 개별적으로 주기보다 둘씩 짝을 지은 뒤 나누어줘라. 함께 투표하기 위해 의논을 하면 훨씬 더 풍부한 결과를 얻을 수 있다!

III

마지막 단계이지만 이전 단계들만큼이나 중요하다. 시간이 지나면서 그룹의 참여도를 높이고 싶다면 합의는 좋은 선택지가 아니다. 이때 필요한 건 조직 전체의 동의다. 즉, 합의를 승인해야 한다! 동의 기법(185페이지)을 이용해 그룹 전체가 정해진 방향으로 나아가는 데 '반대를 하지 않고 있는지' 알 수 있다.

도구

◇ 핵심 프로토콜(Core protocol) '결정하기'

◇ 리커트 척도(Likert scale)(매우 동의하면 오른쪽, 전혀 동의하지 않으면 왼쪽으로)

예시: 2x2 선별표

발산과 발현 단계 이후 여러분의 그룹이 많은 아이디어를 냈기를 바란다! 팀에게 곧장 투표를 요구하면 의견이 분산될 위험이 있다. 우선 사전에 정한 기준에 근거해 아이디어를 선별해야 한다. 가장 적합한 혹은 참신한 아이디어는 이미 눈에 띄었을 테니 두 번째 수렴 단계는 조금 더 간단할 것이다.

여러분이 세계를 구해야 한다면 다음 네 가지 중 가장 최악의 적은 누구(혹은 무엇)인가?

선택하기 전에 두 가지 기준에 따라 보기를 아래 표에 배치하라.

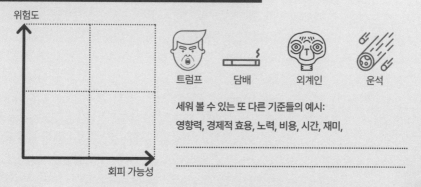

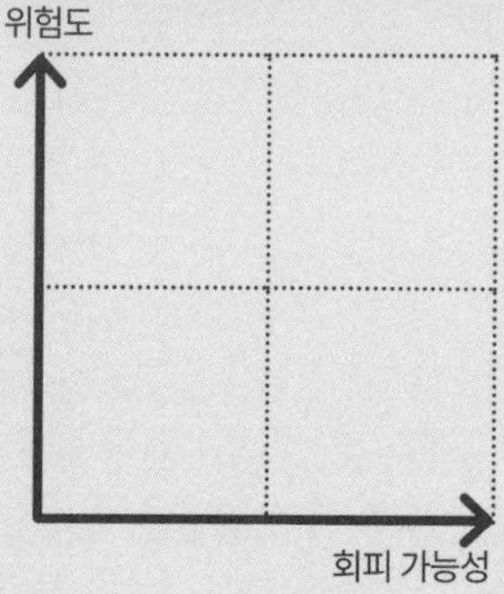

세워 볼 수 있는 또 다른 기준들의 예시:

영향력, 경제적 효용, 노력, 비용, 시간, 재미,

....

....

예시: 보물/세탁기/쓰레기통 분류표

수렴 단계에서는 보통 어떠한 아이디어도 탈락하지 않는다. 아이디어에는 저마다 다시 튀어 오르거나 다른 아이디어에 결합할 잠재력이 숨어 있다. 하지만 수렴 단계를 지나면 아이디어를 조금 더 극명하게 분류할 필요가 있다! 보물/세탁기/쓰레기통 분류표를 이용하면 가장 부적합한 아이디어와 가장 적합한 아이디어를 구분 지을 수 있다. 각자 고유의 기준으로 포지셔닝할 수 있다는 장점도 있다!

보물	세탁기	쓰레기
정말로 멋진 아이디어들이다. 즉시 가공하고 그중 하나를 선택할 수 있다!	다시 다듬고, 씻고, 다림질해야 실제로 써먹을 수 있는 아이디어들이다.	가지고 놀 수 있는 아이디어들이지만 더 발전시키거나 사용할 수는 없다.

합의 vs 동의

투표는 합의의 기술이다! 장기 프로젝트에서는 투표로 결정을 내릴 수 있다는 분명한 장점이 있지만 이탈이 생길 수 있기 때문에 주의해야 한다. 동의를 거쳐야 어느 순간 몰입을 최대로 끌어올리거나 적어도 걸림돌이 작용할 요소를 제한할 수 있다!

합의(예를 들어, 투표)는 종종 좋은 결과를 낳는다. 하지만 다수가 지닌 의견의 유사성에 집중하느라 대립되는 의견이 감추어진다는 단점이 있다. 이미 내린 결정이 타협을 거치며 왜곡되거나 모두의 동의를 구한다며 미묘하게 변할 여지가 있다. 이러한 결정은 심지어 반대했던 사람들의 이탈을 불러올 수 있다. 동의를 거친 투표는 이러한 간극을 메워 준다. 매우 간단한 원칙인데 누구도 반대하지 않으면 결정이 승인되는 것이다. 모두의 '예스'를 얻는 게 아니라 그 어떤 '노'도 받지 않는 게 핵심이다.

마지막으로 한마디 한다면? 팀이 의견을 수렴하게 할 때 절대로 목적을 잊지 마라! 왜 그들이 그 방에 있고, 다 함께 이루고자 하는 것이 무엇인지를 기억하라. 그리고 그들이 목표에서 멀어졌다면 다시 상기시켜라!

예시: 핵심 프로토콜 '결정하기'

나는 찬성한다.

다수의 의견을 따른다.

나는 반대한다.

#1 채택된 결정에 대한 간단명료한 소개

#2 필요한 경우, 참가자들은 채택된 결정을 분명히 하기 위한 질문을 던진다. 결정을 주창한 사람이 질문에 답한다.

#3 모든 게 명료해지면 '나는 찬성한다', '나는 반대한다', '다수의 의견을 따른다'로 투표를 진행한다.

#4 • '반대'표가 없다면=결정은 승인된다.
• '반대'표가 나왔고 그 반대가 합당하다면=반대에 이의 제기를 하는 반대 제안을 할 수 있다.

#5 어떠한 반대 제안도 반대에 이의 제기를 하지 못한다면=결정은 기각된다.

마무리

세 가지 측면에서 마무리를 해부해 보자.

1. 본질: 참가자들이 워크숍으로부터, 그들이 한 것과 본 것으로부터 거리를 두게 한다.

2. 형식: 참가자들의 기분이 어떤지, 그들이 좋아하는 것과 좋아하지 않는 것, 그다음에 바라는 것이 무엇인지 알아본다. 다시 함께 일하고자 하는 마음을 심어 준다.

3. 세션이 마련된 이유와 그들이 성취한 것을 상기시킨다.

본질

무슨 개념이냐고? 참가자가 3분 내로 워크숍의 본질, 선택, 결정에 대해 표현하고 종합하는 것이다.

여러분 차례다! 지금까지 이 책에서 얻은 핵심 아이디어 4가지를 적어라!

1. ....

....

....

2. ....

....

....

3. ....

....

....

4. ....

....

형식

무슨 개념이냐고? 참가자들의 현재 기분이 어떤지, 어떤 기분이었는지, 좋았던 점 혹은 싫었던 점, 그 다음에 바라는 것을 이야기할 시간과 공간을 내어주는 것이다. 무시해서는 안 되는 강력한 연결의 시간이다.

마무리 시간에 여러분의 마음가짐과 다음에 하고자 하는 것을 나타내는 동물을 선택해야 한다면? 왜 그 동물인가?

여러분의 동물을 그려라

왜 그 동물을 선택했는지 설명하라. 자, 주저 말고 털어놓아 보라.
우리 이제 좀 친해지지 않았나, 우리는 무서운 사람들이 아니다.

공짜로 내주는 영감들

자기 것으로 만들어야 하는 마무리 도구들: 딕싯(Dixit), 피드백 벽, 로티 ROTI(Return On Time Invested), 포토랭귀지, 롤러코스터, 양 입양하기(Adopte un gnou, 카드를 뽑아 이야기를 연달아 만드는 프랑스 게임), 평가지, NPS, ...

휴식을 취하라

이 책에는 집중을 요하는 수많은 개념이 등장한다. 미로 속에서 조금 다르게 머리를 써 보며 여러분이 이 책 속의 활동들과 마찬가지로 이 좁은 벽 사이를 잘 헤쳐 나가는지 보자.

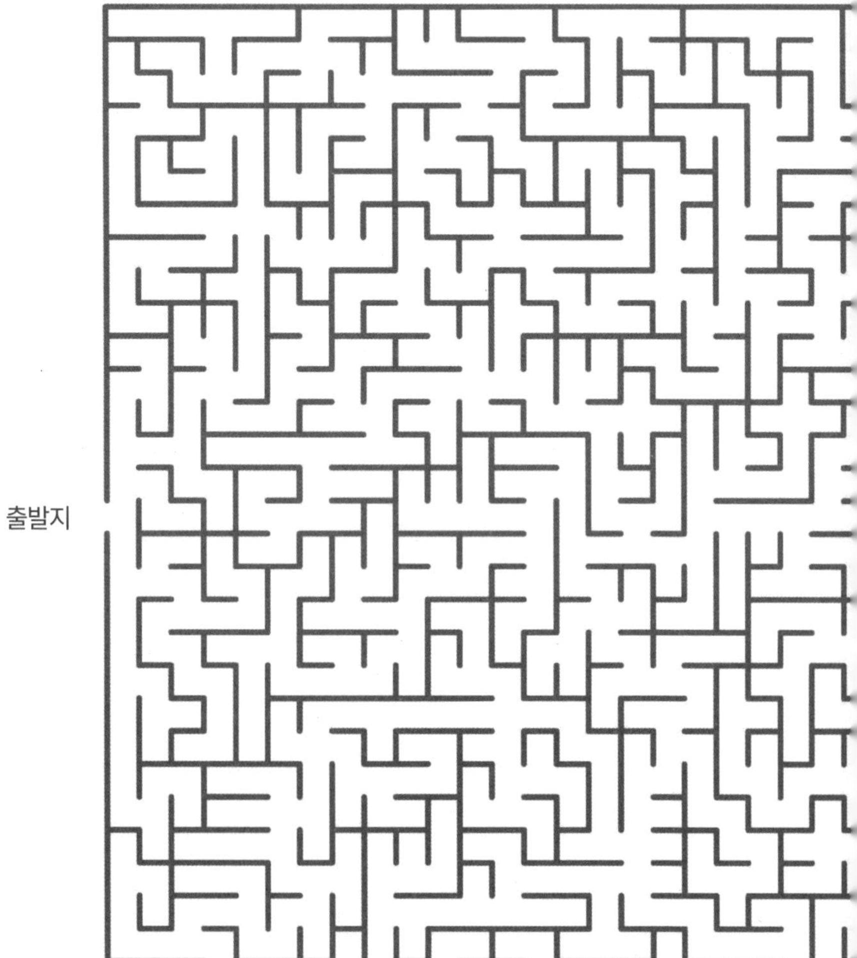

22센티미터
떨어져 있는 도착지

성찰

퍼실리테이션과 관련해 여러분의 개인 점검을 위한 질문에 답하라. 다른 질문을 추가하고, 다음 워크숍에서 다시 질문을 던져 보라.

특히 좋았던 때는 언제인가?

무엇에 불만을 느꼈는가?

다시 사용하고 싶은 도구는 무엇인가?

어떤 '피드포워드'를 했는가?

MINI QUIZ ⑥: 세 번째 화살

옆의 그림에 단 두 개의 획을 그려
(하나의 블록으로 이루어진) 세 번째 화살을 만드는 것이 가능한가?

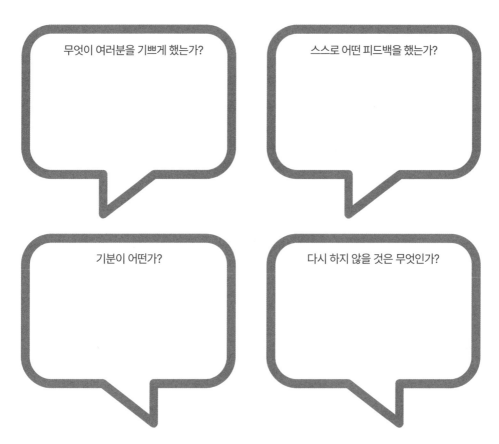

무엇이 여러분을 기쁘게 했는가?

스스로 어떤 피드백을 했는가?

기분이 어떤가?

다시 하지 않을 것은 무엇인가?

회의 혹은 워크숍을 마치면 재빨리 다른 일로 넘어가기 십상이다. 참가자들의 피드백을 수집하고, 머릿속에 떠오르는 두세 가지 정도를 생각해 보고는 거기서 더 나아가지 않는 경우가 허다하다. 일상생활에도 성찰을 활용한다면 다음 워크숍에서 더 발전하고 자신감을 얻은 자신을 발견할 수 있을 것이다.

성찰은 자신이 걸어온 길을 인지하고 심도 있게 탐구하는 것이다. 성찰을 지나쳐 버린다면 안타까울 따름이다. 성찰을 구체화하는 시간을 가져라. 생각은 쏜살같이 지나간다!

간단한 퀴즈를 풀어볼 텐가?

1. '핸드폰을 보지 않아야 한다' 등 워크숍을 하는 동안 참가자들이 반드시 따라야 하는 규칙을 칭하는 말은?

....

2. 미국의 퍼실리테이터 샘 케이너가 만든 개념으로, 집단이 해결책을 찾는 데 반드시 필요한 단계이자 참가자들 간의 감정 격화와 갈등이 내재된 단계는?

....

3. 후원자의 요구사항을 상세히 이해하고, 신뢰 관계를 구축하고, 성공 조건을 취합하기 위해 워크샵 전에 반드시 거쳐야 하는 단계는?

....

4. 워크숍 초반에 참가자들이 서로 알고 신뢰할 수 있도록 도우며, 참가자들을 한데 모을 수 있는 도구는?

....

MINI QUIZ ⑥의 정답

이번 장에서 얻은 핵심 아이디어 5가지

#1 .... #2 .... #3 ....

#4 .... #5 ....

여권에 도장 찍기

본인의 것으로 흡수한 개념의 도장을 연필로 따라 그려 보라.

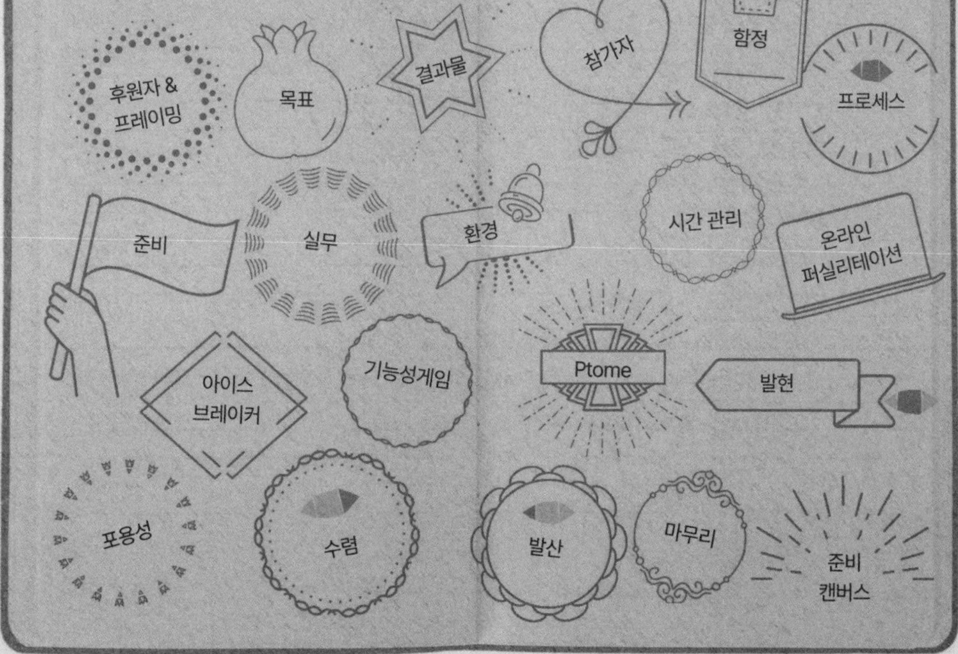

"나는 창조하지 않는다. 창조는 신이 한다.
나는 모든 곳에서 모으고 훔칠 뿐이다."

조지 발란신(George Balanchine),
조지아 출신의 러시아 안무가, 댄서, 배우이자 연출가

5장

검증된 방식을 통해 영감을 얻고 더욱 발전시키기

여러분은 잘 닦인 길을 따라 여행을 하는 쪽에 속할지도 모르겠다. 주로 준비할 시간이 없거나 그저 준비할 마음이 없을 때 택하는 방식이다. 여러분이 이번에 선택한 여정은 정해진 목표, 니즈 그리고 꽤 명확한 욕구를 충족한다.

어떤 경우에는 자신의 니즈에 따라 이미 검증된, 잘 길들여진 여러 워크숍 형식의 도움을 받을 수 있다. 보통 '턴키'로 소개되는 이러한 형식은 강력하고, 또 인터넷에 관련 정보도 매우 많다. 그러나 주의할 점이 있다. 참여를 독려하는 뚜렷한 목표가 없다면 조직에 아무런 도움이 되지 않는다! 검증된 진행 방식 하나를 골라 퍼실리테이팅하고 있는 그룹에 무턱대고 제안하는 일은 권장하지 않는다. 만약 형식이 그룹을 위해 정한 목표에 상응한다면 형식을 자기 것으로 흡수하고 (필요하다면) 수정하며 속도를 내라.

마지막으로 경고하자면 검증된 워크숍이라고 해서 성공을 보장해 주지는 않는다! 퍼실리테이터의 자세와 본인이 이끌고 있는 조직을 잊지 마라.

인터뷰

요안 토니 Yoann Thony

자기소개를 해 준다면?

요안 토니라고 한다. 그림 그리고 무언가를 만드는 걸 좋아한다. 처음에는 엔지니어 교육을 받았고, 디자인 공부도 했다. 퍼실리테이션을 시작한 지는 거의 10년이 다 됐다. 크래프터스(Crafters)라는 조직을 공동 설립했다. 퍼실리테이션, 디자인, 미래학 그리고 빠른 프로토타이핑을 혼합해 프로젝트를 제작하고 진행하는 기업과 공공 기관을 돕고 있다.

퍼실리테이션에서 캔버스의 역할은 무엇인가?

퍼실리테이션에서 캔버스는 퍼실리테이터 그리고 퍼실리테이팅을 받는 팀의 도구다. 퍼실리테이터의 도구인 이유는 퍼실리테이터가 캔버스의 형식으로 그룹에게 성찰 및 효율성을 판단할 수 있는 표를 제공하고, 워크숍의 방식을 새기고, 뿐만 아니라 참가자들이 새로운 자세를 취할 수 있도록 시도할 수 있기 때문이다. 하지만 캔버스는 퍼실리테이팅을 받는 팀의 도구이기도 하다. 캔버스는 워크숍에서 참가자들에게 나침반 역할을 한다. 덕분에 참가자들은 내용과 아이디어를 적용, 공유 및 종합하는 방법보다 내용과 아이디어 자체에 집중할 수 있다. 캔버스는 성찰을 가속화하는 도구이자 팀이 거의 독립적으로 발전을 도모할 수 있게 하는 완벽한 방법이다.

알맞은 캔버스는 어떻게 선택하는가?

가장 좋은 캔버스는 직접 만든 캔버스다!

아틀리에의 맥락과 주제에 따라, 워크숍 도중 어느 순간에 팀이 만들어 냈으면 하는 것, 그 외에도 참가자 혹은 관계 역학, 참가자들이 가졌으면 하는 마음가짐에 따라 만든 캔버스가 가장 좋다. 그러한 캔버스가 퍼실리테이터에게도 자극을 준다! 즐길 수 있는, 자신의 창의성을 펼칠 수 있는 멋진 놀이터가 아닌가. 약간의 도움을 주자면 좋은 캔버스는… C.A.N.V.A.S여야 한다! 무슨 말이냐 하면,

Clear: 직관적으로 캔버스의 구조, 흐름을 이해할 수 있어야 하고, 그에 어울리는 어휘가 사용되고, 지시 사항은 정확해야 한다.

Adapted: 맥락과 주제에 완벽하게 합치해야 하고, 워크숍에서 그룹의 역학에 따라 적용 가능해야 한다.

Neutral: 캔버스의 형식 혹은 특정 요소를 내세우며 정답과 그룹의 아이디어를 유도하거나 특정 방향으로 유인해

서는 안 된다.

Visual: 형식이 잘 갖추어져 있어야 하고, 교육적으로 도움이 되는 시각적 언어를 사용하고, 교훈적이어야 한다.

Aidful: 퍼실리테이터가 워크숍을 진행하고 팀이 사고를 발전시키는 데 도움이 되어야 한다.

Surprising: 참가자들이 창의력을 발휘하고 이제껏 보고 사용했던 것들과 결별할 수 있도록 마음가짐과 시각에 변화를 가져다줘야 한다.

전혀 복잡하지 않다. 가장 좋은 학습법은 무작정 덤비는 것이다.

퍼실리테이션에서 가장 좋아하는 순간은?

퍼실리테이션에서 내가 가장 좋아하는 순간은 워크숍이 끝날 때 참가자들이 그동안 보낸 시간을 돌아보며 "와! 시간이 이렇게 흐른 지 몰랐어. 우리 주제에서 이만큼의 진전이 있었다니 미쳤다"라며 놀란 기색으로 말할 때다. 그러고는 보통 대수롭지 않게 "왜 우리는 이렇게 매일 일하지 않지?"하고 말하는데 그 짧은 문장 하나가 퍼실리테이터라는 우리 직업이 어떤 도움을 줄 수 있는가를 잘 보여 준다.

퍼실리테이터가 갖추어야 할 자질은?

첫째, 호기심이다. 모든 것 그리고 모든 사람에 호기심을 가지고, 다양한 주제에 대해 매일 다른 사람들과 일하며 즐거움을 느껴야 한다.

둘째, 열정이다. 열정은 다른 사람에게 쉽게 전파되기 때문이고, 우리가 즐거워하고 우리가 하는 일에 믿음을 가지면 다른 사람들도 역시 그렇게 되기 때문이다!

셋째, 완벽주의다. 조금은 완벽주의적이어야 하고, 잘 된 것들에 대한 애정과 디테일에 관심을 가져야 한다. 퍼실리테이션에서는 모든 디테일이 중요하다.

회사에서 퍼실리테이션은 유용한가, 유용하지 않은가? 유용하다면 어떤 도움이 되는가?

1000% 유용하다! 회사에서뿐만 아니라 모든 곳에서 유용하다! 고민하거나 무언가를 같이 해야 하는 사람이 3명을 넘는 순간부터 퍼실리테이션은 중요한 역할을 한다. 효율성, 창의력, 참여도가 늘 올라간다.

마지막으로 한마디 한다면?

퍼실리테이션에 과감히 몸을 던져라!

회고 ☆

회고는 다 같이 조직, 팀, 전략 등의 개선을 위해 의견을 나누는 시간이다. 그룹은 회고를 통해 앞으로 실천할 행동을 정하고, 조직 및 개인적으로 이행할 결정을 내린다. 좋은 회고란 지난 회고 이후로 이행한 사항을 인증하는 시간이기도 하다.

시간: 30분~2시간
난이도: 쉬움
참가자 수: 4명 이상

목표

- 더 나은 재출발을 위해 상황을 결산한다.
- 조직을 개선하고 더 높은 효율성을 추구한다.
- 모두가 의견을 개진하도록 도모하고 한 팀이라는 느낌을 강화한다.
- 성공을 내세운다.

새로운 배움을 위한 읽을거리

회고는 참가자의 규모와 다양한 구성에 따라 다른 형식으로 진행될 수 있다. 하지만 안정감을 주는 신뢰의 분위기 형성과 참여하고자 하는 의지가 여전히 제일 중요하다. 그러한 분위기와 의지가 없다면 모든 노력을 기울인다 하더라도 결과는 아무런 의미가 없을 것이다. "변화는 무엇보다도 마음가짐에서 온다." (자크 시라크)

성공을 위한 승리의 팁

- 놀라운 주제 혹은 팀 구성원의 의견을 참고한 주제를 자신에게 맞추어 회고하라.
- 효과가 있는 것을 내세워라.
- 사무실을 벗어나 회고를 해 보는 건 어떤가?

반드시 피해야 하는 함정

- 워크숍의 의미와 목표를 잊어버린다. 워크숍의 목표 그 자체에 대한 질문은 던지지 않고 (평소의) 형식에 초점을 맞추며 판에 박힌 혹은 지나치게 간단하고 단순한 방식으로 워크숍을 채운다.
- 오로지 다른 사람들이 문제라고 생각한다.
- 단정 짓는다.

영감을 위한 진행 순서

시작
목표, 황금률, 아이스브레이커.

단계 #1
5분

돌아가며 한 명 혹은 여러 명의 사람들에게 계획 이행에 대한 감사 인사부터 시작한다.

단계 #2
5분

각자 가상의 혹은 종이 포스트잇에 정해진 주제에 대해 적는다.

예시: 우리의 지난 2주:

- 계속해야 할 것
- 그만해야 할 것
- 시작해야 할 것
- 개선해야 할 것

포스트잇 한 장당 아이디어 한 개다.

단계 #3
15분

각자 다른 사람의 포스트잇을 마치 자신의 포스트잇인 것처럼 소개한다(필요한 경우 실제 포스트잇의 주인이 추가 설명을 할 수 있다).

단계 #4
5분

취합한 아이디어를 분류하게 하고, 어떤 추세가 나타나는지 지켜본다.

단계 #5
5분

여러분이 선택한 방법에 따라 다룰 주제의 우선순위를 매겨본다.

단계 #6
15분

탐구의 기본 방향과 행동을 취할 사람, 참여 날짜를 정하도록 한다.

참고로 책임자가 없는 계획 이행은 미니텔(통신 네트워크 서비스를 제공했던 프랑스 단말기)처럼 기억 속으로 사라질 수 있다.

마무리
감사의 말, 피드백, 핫초코.

여기에 여러분의 팁, 경험 회고, 아이디어, 인터넷에서 찾은 맘에 드는 회고로부터 받은 영감 등을 적어라.

월드 카페 ☆

월드 카페(World Cafe)는 기업과 조직 내에서 지식 공유를 촉진하고 중요한 대화("conversations that matter")를 장려하기 위해 1995년 미국에서 만들어진 형식이다. 가장 흥미로운 교류는 주로 커피잔을 두고 이루어진다는 사실에서 출발한 개념으로 참가자들이 테이블 주위에서 소규모로 문제 혹은 주제에 대해 논의하는 카페의 분위기를 재현하는 것이 핵심이다.

시간: 1~4시간
난이도: 쉬움
참가자 수: 12명 이상

목표

- 아이디어를 제안하고, 지식을 공유하고, 집단 사고를 촉진하고, 일상생활부터 전략 과제까지 아우르는 주제와 관련해 취할 수 있는 행동의 가능성을 분석한다.
- 구체적인 문제를 탐구하고, 이터레이션(Iteration)*을 통해 제시한 아이디어를 발전시킨다.
  (원하는 결과를 얻기 위해 반복하는 행위)
- 집단 지성을 촉진하는 프로세스에 (최대 수백 명에 이르는) 대규모 인원을 참여시킨다.
- 모든 것(신체, 감정, 생각)을 동원하는 창의력 활동에 참여시킨다.
- 기존에 함께 일하고 있던 그룹 내에서 관계가 돈독해지고, 결과를 서로에게 더욱 알맞게 적용한다.

성공을 위한 승리의 팁

- 노련한 퍼실리테이터
- 자신의 역할을 수행하는 편안한 상태의 참가자들
- 모두가 서로를 바라볼 수 있는 원형 테이블
- 뚜렷한 목표 공유
- 모든 참가자들의 연결을 보장하는 포용성이 가장 중요하다!

반드시 피해야 하는 함정

- 이미 정해진 해결책 혹은 답으로 나아간다.
- 정보를 일방적으로 전달한다.
- 실천 계획을 상세히 구상한다.
- 12명 미만의 사람으로 진행한다.
- 한 이터레이션에서 다른 이터레이션으로 서둘러 전환한다.

이해를 도울 그림!

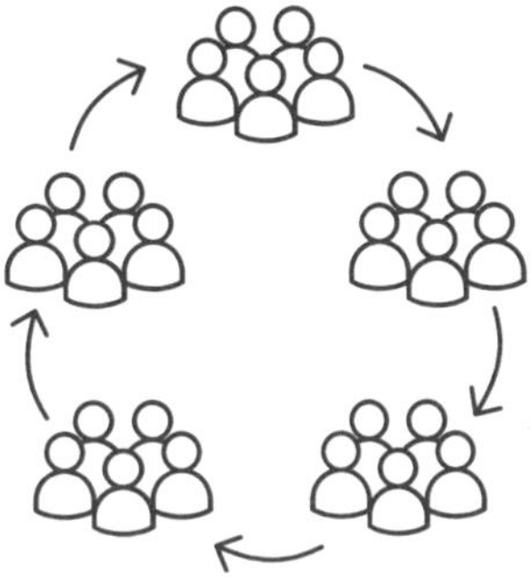

영감을 위한 진행 순서

시작

목표, 황금률, 아이스브레이커, 주제 소개.

이터레이션 #1

15분

참가자들은 서로 다른 테이블에 나누어 자리 잡는다. 테이블 1개당 주제는 1개다. 편안하고 호의적이며 경청하는 분위기에서 각 참가자는 주제와 관련된 생각을 표현하고, 그림 그리고, 적을 수 있다. 이미 나온 아이디어를 발전시킬 수도 있다. 마지막에는 다른 테이블로 이동할 준비를 한다.

이터레이션 #2

15분

테이블당 한 명을 제외한 나머지 참가자는 다른 테이블로 자리를 옮긴다. 남아있는 참가자가 이전의 이터레이션을 정리하고 나면 참가자들은 이전 대화를 발전시켜 나가고, 새로운 아이디어로 주제를 풍성하게 만든다. 여러 번 테이블을 돌며 같은 프로세스를 반복한다.

종합

15분

각자 처음 다뤘던 주제로 돌아가고, 그룹은 교류했던 아이디어를 종합한다.

공유

(주제 3개에) 15분

전원이 모여 진전이 있었던 부분을 공유하고 결과에 이의를 제기하기 위한 Q&A 시간을 가진다.

마무리 단계

15분

감사의 말, 참가자들의 피드백.

린 커피 ☆

린 커피(Lean Coffee)는 2009년 짐 벤슨(Jim Benson)과 제레미 라이트스미스(Jeremy Lightsmith)가 시애틀에서 처음으로 조직한 워크숍 형식이다. 사람들을 모아 어떠한 공통 주제에 대해 토의할 집단을 형성하는데 정확히 무엇에 대해 이야기를 나눌지 미리 알 수 없다. 즉, 린 커피에서는 의제 없이 참가자들이 모여 의제를 정하고 이야기를 나누기 시작한다. 의제가 민주적으로 도출되기 때문에 대화는 일정한 방향으로 나아가고 생산적으로 이루어진다.

시간: 1~2시간
난이도: 쉬움
참가자 수: 3~9명

목표

- 참가자들은 정말 논의하고 싶은 것에 대해 의견을 나눌 수 있다.
- 지킬 수 없는 마감 시간에 맞춰 모든 주제를 다루기보다 한정된 시간 동안 의견 교류의 의미를 극대화한다.
- 린 커피는 정해진 일정 없이 공유, 학습 혹은 창조하겠다는 유일한 목표로 가벼운 틀에 따라 진행되기 때문에 학습 실천 공동체(Community of Practice)를 퍼실리테이팅하기에 특히 적합하다.

이해를 도울 그림!

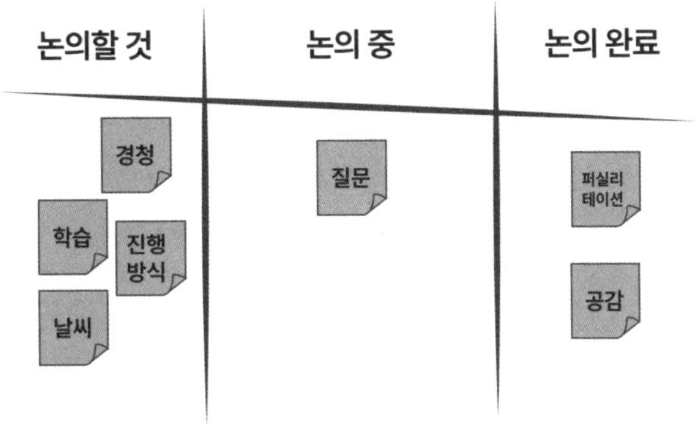

성공을 위한 승리의 팁

- 조용하고 편안한 장소를 골라라.
- 참가자 수는 9명을 넘기지 않는다.
- 동시에 여러 주제를 던지지 않도록 하라. 만약 그런 경우라면 속도를 잘 조절하라.

반드시 피해야 하는 함정

- 모든 주제를 다루고 싶다.
- 주제를 강요한다.
- 한 이터레이션에서 너무 많은 시간을 보낸다.
- 다시 출발할 때 가지고 떠날 핵심 아이디어를 공유하지 않는다.

영감을 위한 진행 순서

준비
'할 일', '진행 중', 그리고 '완료' 혹은 '논의할 것', '논의 중' 그리고 '논의 완료'와 같이 세 열로 나누어져 있는 칸반(Kanban) 형식의 표를 벽에 붙인다.

시작
목표, 황금률, 아이스 브레이커, 주제 소개.

단계 #1
5분

참가자들은 세션 동안 다루고 싶은 주제를 조용히 적는다. 포스트잇 하나당 아이디어 하나를 적고 칸반 보드의 첫 번째 열에 붙인다.

단계 #2
10분

참가자들은 다루었으면 하는 아이디어 혹은 주제를 명료하게 밝힌다.

단계 #3
5분

참가자들은 공유한 모든 주제가 적힌 목록에서 가장 흥미로운 주제에 투표한다. 한 사람당 스티커 2~3개를 붙인다.

단계 #4
1분

그룹은 각 주제를 다루는 이터레이션의 길이를 5~15분 사이로 함께 결정한다.

단계 #5(원하는 만큼 반복할 것)
5~15분

대화를 시작하라. 이터레이션 마지막에는 의견을 교환하기 위해 4~5분 정도 시간을 더 가지기를 원하는지 투표하게 하라. 시간은 한 번만 추가할 수 있다. 이터레이션이 끝났다면 포스트잇을 '완료'로 옮기고 다음 주제로 넘어가라.

공유
15분

전원이 모여 주제별로 핵심 아이디어를 공유하도록 하라.

마무리
15분

감사의 말, 피드백.

디자인 씽킹 ☆☆

스탠퍼드에서 고안되고 이론화된 지 50년이 넘은 디자인 씽킹은 1990년대에 세계적 디자인 기업인 아이디오(IDEO)에 의해 널리 알려졌다. 사용자에 중점을 둔 혁신적인 접근법으로 주로 창의력, 협업 그리고 실험에 기반을 두고 있다. 접근법과 마음가짐뿐 아니라 사용자와 사용자의 일상 이해부터 사용자가 탐낼만한 제품에까지 적용되는 (디-스쿨d.school, 아이디오 등의 영감에 따라) 4~7개로 나누어진 프로세스를 바탕으로 한다. 이러한 과정은 비즈니스에 충분히 실현 가능한 실질적 가치를 부여한다.

시간: 2~5시간
난이도: 보통
참가자 수: 2~10명 이상

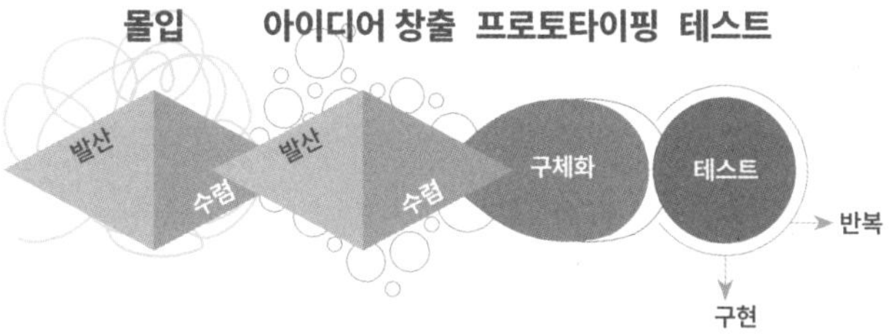

목표

- 시간을 지체하지 않으면서 빠른 시간 안에 아이디어 혹은 프로젝트에 생명을 불어넣는다.
- 집단을 공동의 목표로 인도하고, 서로 다른 직무와 능력을 가진 모든 사람들이 함께 일할 수 있다.
- 강력한 집단 지성의 도움을 받는다.
- 사용자와 다시 연결된다.
- 학습, 창의력 그리고 빠른 실험에 바탕을 둔 업무 문화를 정착시킨다.

성공을 위한 승리의 팁

- 참여를 이끌고 동기를 부여하는 도전 과제가 있는지 확인하라.
- 디자인 씽킹 과정과 관련이 있는 진짜 사용자가 있어야 한다.
- 다양한 프로필과 능력에 더해, 가능하다면 다양한 문화적 배경을 가진 팀으로 구성되었는지 확인하라.

반드시 피해야 하는 함정

- 디자인 씽킹을 했다는 말을 하기 위해 디자인 씽킹을 한다.
- 디자인 씽킹을 팀빌딩 정도의 활동으로 여긴다.
- 디자인 씽킹을 끝까지 해낼 수 있는 수단, 즉 제품이나 서비스를 내놓고 테스트할 수 있는 수단을 제공하지 않는다.
- 모든 걸 뒤바꿀 수 있는 방법을 찾으려 한다. 제대로 된 마음가짐이 갖추어져 있지 않다면 효과가 없을 것이다.

영감을 위한 진행 순서

시작
목표, 황금률, 아이스브레이커.

단계 #0
5분

주제와 도전 과제 소개.

단계 #1- 몰입
30분

- 교차 인터뷰 및 사용자가 겪는 불편 사항 수집(각각 7분씩).
- 사용자의 주요 불편 사항 선택 및 공유.

단계 #2- 몰입
15분

사용자의 불편 사항 한 가지에 스티커로 투표한다.

단계 #3- 다른 말로 표현하기
15분

How Might We("어떻게 하면...할 수 있을까?") 기법으로 사용자의 불편 사항을 새로운 도전 과제로 다시 표현한다.

단계 #4- 아이디어 창출
30분

- 개인적으로 자유롭게 아이디어 창출(브레인스토밍).
- 공유
- 제약을 두고(3가지에 5분) 다 같이 아이디어 창출

단계 #5- 아이디어 창출
30분

- 보물/세탁기/쓰레기통 도구를 이용해 아이디어 선별.
- '보물' 가운데 실험할 아이디어 투표.

단계 #6- 프로토타이핑
70분

아이디어 소개를 위한 프로토타입 및 발표 구성.

단계 #7- 발표 및 테스트
15분

심사위원 혹은 이의를 제기할 사람들 앞에서 발표 및 질문 세션.

마무리
다음 단계, 감사의 말, 피드백.

디즈니 기법 ☆☆

월트 디즈니 기법(혹은 전략)은 한 명(혹은 여러 명)이 세 가지 시각에서 문제를 고려하고 연구하는 롤플레잉 게임에 바탕을 둔 창의력 기법이다.

시간: 30분~4시간
난이도: 보통
참가자 수: 2~10명 이상

목표

- 아이디어를 구체화할 때 구성원들은 서로를 보완하기 때문에 서로의 다른 점이 조화를 이룬다. 새로운 아이디어를 얻으려면 몽상가가 필요하다. 그 아이디어를 팀의 현실주의자가 구체화할 것이고, 여러분 안에 잠들어 있는 비평가는 창의력의 결과물을 평가하고, 걸러 내고, 다듬을 것이다.
- 복잡한 상황을 상이한 각도에서 다루면서 풀어 나간다.
- 비전의 정의와 같은 주제를 다루기에 매우 적합한 워크숍이 된다.
- 소규모 그룹과 짧은 시간의 워크숍에 적합하다.

새로운 배움을 위한 읽을거리

월트 디즈니는 작업을 다음과 같이 요약했다. "정말 멋진 무언가를 만들기 위해서는 그것에 대한 꿈부터 꿔라. 그리고 조용히 잠에서 깨어나 곧장 여러분의 꿈을 끝까지 파고들어라. 절대 포기하지 마라." 로버트 딜츠(Robert Dilts, 신경 언어학 프로그래밍 분야 코치이자 작가)는 디즈니 왕국의 창의적인 프로세스를 분석하면서 월트 디즈니에는 월트(Walt)가 없는 대신 몽상가, 현실주의자 그리고 흥을 깨는 사람 세 명이 있을 뿐이라는 결론을 내렸다.

성공을 위한 승리의 팁

- 그룹이 게임을 하며 경험을 구체화하기를 좋아한다면 미리 소도구를 준비하라.
- 적합한 정보를 적은 노트를 공유할 수 있도록 하라.

반드시 피해야 하는 함정

- 팀에게 방향에 대한 결정권이 주어진다는 걸 조직의 대표가 받아들여야 하기에 '비전' 부분은 실현하기 쉽지 않을 수 있다.

영감을 위한 진행 순서

시작

목표, 황금률, 아이스 브레이커, 주제 소개.

단계 #1

3분

4가지 역할에 대응되는 의자 4개를 준비하라:

(망상에 사로잡힌, 창의적인) 몽상가, (현실적이고 실용주의적인) 현실주의자, (대표의 자질을 갖춘, 캐묻기를 좋아하는) 비평가, (관찰자이자 조언가인) 중립

단계 #2

참가자 한 명당 2분

우선 참가자들은 의자에 앉아 생각을 정리한 뒤 아이디어 혹은 프로젝트에 대한 의견을 제시한다.

단계 #3

참가자 한 명당 2분(x회전 수)

참가자들은 몽상가의 의자, 그다음에는 현실주의자의 의자, 마지막으로 비평가의 의자에 앉아 아이디어와 프로젝트에 대한 의견을 제시한다. 필요하다면 여러 번 진행한다.

마지막 단계

참가자 한 명당 3분

참가자는 중립의 의자에 앉아 의견을 종합하고 마무리 짓는다.

마무리

감사의 말, 참가자 피드백.

솔루션 포커스 ☆☆

'해결 중심 단기 치료(Solution Focused Brief Therapy)'라 불리는 코칭 접근법에서 기인한 솔루션 포커스 워크숍은 맞닥뜨리는 문제보다 해결책에 중점을 두며 목표로 삼은 결과에 도달하고자 한다.

시간: 30분~1시간
난이도: 보통
참가자 수: 2~10명

목표

- 앞으로 나아가기 위해 해결책에 집중한다.
- 현 상태와 상황, 구성원의 행동을 연결 짓지 않고, 더 나아가 비생산적인 긴장과 그러한 결과가 구체화되는 경우를 피한다.
- 신속히 행동으로 옮긴다.
- 긍정적인 것에 집중한다.

새로운 배움을 위한 읽을거리

솔루션 포커스의 기원인, 1982년 스티브 드세이저(Steve de Shazer)와 김인수가 개발한 해결 중심 상담에는 다음과 같은 세 가지 원칙이 있다.

- 망가지지 않았다면 고치지 마라.
- 효과가 있는 것이 무엇인지 안다면 다시 시도하라.
- 그것이 효과가 없다면 다른 것을 시도하라.

성공을 위한 승리의 팁

- 나누었던 여러 가지 의견을 참가자들에게 각인시키고 각자 자신을 의견에 대입해 볼 수 있도록 작업물을 게시하며 그래픽 퍼실리테이션을 근사하게 이용하라.
- 숨겨진 부분은 없는지 살펴보는 차원에서 질문을 던지며 단계별로 잘 진행되었는지 확인하도록 하라.

반드시 피해야 하는 함정

애매모호, 애매모호, 애매모호!
만약 출발 지점이 명료하게 정의되지 않았고, 평가를 뒷받침할 요소가 없다면, 여러분은 무턱대고 달려든 것이나 마찬가지다.

영감을 위한 진행 순서

시작

목표, 황금률, 주제 소개.

단계 #1

5분

참가자들이 주제의 틀을 잡고 적을 수 있도록 설명하며 주제가 뚜렷한지, 모두가 주제를 이해했는지 확인한다.

단계 #2

10분

현존하는 것과 거리를 두고 꿈꾸는 이상적인 상황을 묘사하도록 하며 주제 혹은 문제의 미래를 예측해 본다.

단계 #3

5분

현재에 대해 평가를 내리도록 한다. 점수가 높을수록 이상적인 상황을, 낮을수록 숯과 불, 음식, 음악, 친구도 없이 빗속에서 바비큐를 하는 최악의 상황을 의미한다....

단계 #4

5분

단계 #3을 참고하여 강점, 약점, 성공 요인 등 현 상황에 대해 정확한 평가를 내리는 데 도움이 되는 모든 요소를 나열한다.

단계 #5

15분

증분(최종 결과물의 일부로 단계적으로 추가되는 산출물)과 반드시 실천에 옮겨야 하는 행동을 뒷받침하는 결과를 언급하며 현 상황을 개선하는 데 기여하는 작은 조치를 명확히 표현하게 한다.

마무리

감사의 말, 평가 업데이트 일시, 각자의 소감, 부기우기(블루스에서 파생되어 일정하게 빠른 리듬에서 연주되는 재즈의 한 종류).

긍정 탐구 ☆☆

긍정 탐구(Appreciative Inquiry)는 참여도를 높이고, 어느 조직이든지 간에 사람들의 장점과 최적의 업무 방식 혹은 행동 방식을 이끌어 낸다. 특히 구성주의, 동시성, 예견이라는 원칙에 근거해 다양한 요소의 긍정성을 지속적으로 탐구한다.

시간: 1~2시간
난이도: 보통
참가자 수: 2~10

목표

- 집단 차원에서 비전을 세운다.
- 몰이해로 이어지는 해석을 피한다.
- 참여를 촉진한다.
- 아이디어의 원천을 늘린다.
- 바로 적용할 수 있는 아이디어를 얻는다.
- 창의력과 혁신을 장려한다.
- 지식을 공유한다.

새로운 배움을 위한 읽을거리

오늘날의 긍정 탐구 기법은 솔루션 포커스에 대한 일종의 답변이다. 1987년 데이비드 쿠퍼라이더(David Cooperrider)와 수레쉬 스리바스타바(Suresh Srivastava)는 논문에서 긍정 탐구의 심화가 혁신과 창의력에 더 적합하다는 의견을 제시했다.

성공을 위한 승리의 팁

- 공유하는 내용을 긍정적인 방향으로 이끌고 재구성하라.
- 긍정적이고 즐거운 태도 및 긍정적인 진행을 격려하기 위해 그에 어울리는 톤으로 발화하라.

반드시 피해야 하는 함정

- 조직의 경험을 개인과 무관한 것으로 치부하기.
- 정면에서 답변에 이의 제기를 하지 않기.
- 퍼실리테이터로서 정답을 알고 있다고 생각하기.

영감을 위한 진행 순서

시작

목표, 황금률, 아이스브레이커, 주제 소개.

5D 모델에 따라 각 단계에서 질문을 하나씩 던진다. 각 단계마다 구체적인 퍼실리테이션이 진행된다.

단계 #1

10분

정의하기(Define): "우리는 무엇을 얻기를 바라는가?" 간단한 질문이지만 질문에 대한 답을 공유하지 않고 추측만 할 경우 모든 문제의 원인이 된다.

단계 #2

10분

발견하기(Discovery): "우리의 강점은 무엇인가?" 사실적인 점검을 할 수 있는 질문으로 현 상황을 점검한다.

단계 #3

15분

상상하기(Dream): "무엇이 효과를 발휘하기를 바라는가?" 현 상황을 기대에 부응하는 미래에 투영한다.

단계 #4

20분

디자인하기(Design): "이것을 가능하게 하려면 무엇을 해야 하는가?" 원하는 바가 정해지면 상상을 현실로 만들기 위해 노력하고 어떤 방식으로 노력할지 찾아야 한다.

단계 #5 - 마무리

15분

피드백, 의욕의 정도

사용하기(Deploy): 테스트를 할 일만 남았다! 원하는 다양한 행동을 취하고, 특히 효과가 있는 혹은 없는 것이 무엇인지 알아야 한다. 필요하다면 2단계로 돌아가라.

오픈 스페이스 테크놀로지 ☆

오픈 스페이스 테크놀로지(Open Space Technology)는 몇 시간짜리 세션 혹은 며칠간 이어지는 회의에서 참가자가 모임의 내용을 독립적으로 구성할 수 있게 도와주는 기법이다. 몇 가지 진행 규칙이 정해져 있을 뿐, 반드시 주제가 필요하지는 않다. 마법은 그렇게 이루어진다.

시간: 2~48시간
난이도: 쉬움
참가자 수: 5~1000명 이상

목표

- 참가자들의 관심사에서 직접적인 진전이 이루어진다.
- 다양한 주제를 다룬다.
- 참가자들에게 책임감을 심어 준다.
- 신속히 실행한다.
- 복잡한 주제를 다룬다.

4가지 원칙

- 참석한 사람들은 모일 수 있는 최선의 사람들이다.
- 일어난 일은 일어날 수 있었던 유일한 일이다.
- 시작되면 시작된 것이다.
- 끝나면 끝난 것이다.

새로운 배움을 위한 읽을거리

해리슨 오웬(Harrison Owen)의 회의 개최 일화. 회의를 성공적으로 마친 뒤 회의를 준비했던 친구가 그에게 말했다. "해리슨, 근데 그거 알아? 너무 좋았는데 커피 타임이 제일 좋았어." 이후 그는 어떻게 하면 커피 타임으로만 구성된 회의를 기획할지 고민했다고 한다.

성공을 위한 승리의 팁

- 다양한 지시 사항을 가시화하고 모든 공간에 주제를 분산 배치하라.
- 두 발의 법칙(Law of Two Feet)을 기억하라. '배우지도 않고 기여하지도 못하고 있다면 다른 것으로 넘어가라!'
- 나비(휴식하거나 생각하는 사람을 뜻한다)와 꿀벌(한 워크숍에서 다른 워크숍으로 옮겨 다니며 정보를 전달하는 사람을 뜻한다)에 관한 정보를 얻어라.

반드시 피해야 하는 함정

- 자율 조직에는 퍼실리테이터가 굳이 없어도 된다고 생각한다.
- 아이디어를 소개할 타이밍을 지나쳐 버린다.
- 세션 진행 중 여유 시간이 추가될 수 있음을 고지하지 않는다.

영감을 위한 진행 순서

시작

몇 가지 규칙 소개(예시: 시간표, 토론에 배치된 공간의 개수, 보고서 공유 장소, 제시된 주제에 대한 발표 시간)

단계 #1

5분

참가자들은 자신이 선택한 주제에 대해 진행할 수 있는 혹은 진행하고 싶은 세션과 관련된 아이디어만큼 포스트잇을 붙인다.

단계 #2

아이디어 1개당 1분

아이디어 하나에 대한 발표는 30초에서 1분 동안 진행된다.

단계 #3

5분

참가자들은 참석 혹은 참가하고 싶은 주제에 투표한다(시간대 수만큼의 표를 던질 수 있다).

단계 #4

5분

가장 많은 표를 받은 주제를 오픈 스페이스 테크놀로지 일정에 배치(시간 및 장소별로 분배)하고 가시화한다.

단계 #5

워크숍당 30분

이제 시작이다! 참가자들은 장소와 시간에 맞춰 분산된다. 워크숍이 끝날 때 의견 교환 혹은 실천의 결과물을 내야 한다는 걸 잊지 마라.

단계 #6

실시한 워크숍당 2분

조직은 주제 당 최대 할당 시간을 정하고 작업 결과에 대해 질문한다.

마무리

전체 감사 인사, 피드백 받기.

모자 기법 ☆☆

에드워드 드 보노(Edward de Bono)가 개발한 모자 기법에는 모자 6개가 필요하다. 각각의 모자는 열정을 분출하기에 적절한 주제에 대해 의견을 나누고 차분하게 논의할 수 있는 사고의 틀을 제공한다.

시간: 1~2시간
난이도: 보통
참가자 수: 2~10명

목표

- 새로운, 성가신 혹은 익숙지 않은 아이디어의 검열을 피한다.
- 감정적, 개인적인 에너지를 많이 요하거나 다른 사람들의 가치와 신념을 뒤흔들 수 있는 주제에 대해 이야기한다.
- 복잡한 상황을 여러 각도에서 풀어낸다.
- 다르게 생각하도록 이끈다.
- 의사 결정을 내린다.

새로운 배움을 위한 읽을거리

- 에드워드 드 보노는 '측면 사고(Lateral Thinking)'라 불리는 문제 해결 기법을 널리 알린 장본인이다. 드 보노는 측면 사고를 "새로운 생각과 인식을 얻기 위해 기존의 것을 피하는 것"이라고 정의 내렸다. 우리가 더 자주 발현되기를 바라는 창의적인 사고를 엿볼 수 있을 거라는 달콤한 말이 들리지 않는가?

성공을 위한 승리의 팁

- 참가자들이 잘 분산될 수 있도록 각 모자를 위한 공간을 마련하라.
- 참가자들이 이입할 수 있도록 다른 주제를 예시로 들어 설명하라.

반드시 피해야 하는 함정

- 주제와 관련해 제시된 모든 아이디어는 좋다는 생각. 의견을 정당화하며 교류하도록 방치하는 것은 위험하다. 신뢰가 무너질 수 있다.
- 해당되는 모자의 기준에 맞지 않는 아이디어에 반박하기를 주저한다. 그저 흘러가도록 두는 것일 뿐 도움이 되지 않는다.

영감을 위한 진행 순서

시작

목표, 아이스 브레이커, 주제 소개.

단계 #1

10분

다음 사항을 설명하며, 모자 6개에 해당하는 아이디어를 회수하는 공간과 아이디어를 종합하는 공간, 총 7군데를 마련한다.

- 파란 모자=조직. 주제 규정.
- 하얀 모자=중립. 사실적이고 판단 없는 수치 혹은 요소들.
- 빨간 모자=감정. 직관, 지각, 감정.
- 노란 모자=낙관주의. 꿈, 희망, 긍정적이고 건설적인 평가.
- 검은 모자=창의력. 검열이 없고 심지어 도발적이면서 독창적인 아이디어.
- 다시 파란 모자=조직. 선택할 해결책, 엄격, 일정한 방향으로 유도.

단계 #2

5분

모자 사용 순서, 규칙, 시간을 고지한다.

단계 #3

7×7분

해당되는 모자에 따라 참가자들에게 목표에 대한 의견을 말해 달라고 요청한다.

단계 #4 – 마무리

감사의 말, 참가자들의 피드백, 모자 던지기!

해방 구조(1-2-4-전체)

'해방 구조'는 (매니저부터 실무진, 심지어 고객 그리고 대표까지) 모든 사람을 포함시키고 관여하게 만들며, 조직의 크기와 상관없이 모든 참가자에게 의견 교류를 통제할 수 있는 권한을 부여한다.

따라서 새로운 권한이 동시에 각자의 일상에 분배되고 공유된다.

시간: 0.2~3시간
난이도: 쉬움
참가자 수: 4~100명 이상

목표

- 모든 참가자가 참여하며 모든 아이디어를 해방시킨다.
- 모든 사람과 국지적인 아이디어를 진심으로 존중한다.
- 변화 속에서 신뢰를 구축한다.
- 자신의 실수로부터 배운다.
- 자유를 강화하고 책임의 가치를 드높인다.
- 가능성을 강조한다. 보이지 않아도 믿는다.
- 조직 속에서 자신을 발견하는 법을 배운다.
- 창조적인 파괴를 장려하고 혁신을 허용한다.
- 진지하면서도 즐거운 호기심을 북돋운다.
- 늘 명료한 목적을 갖고 시작한다.

새로운 배움을 위한 읽을거리

해방 구조에 대한 자료는 매우 잘 정리되어 있다. 해방 구조에 해당하는 도구들을 일일이 설명해 주는 어플리케이션도 있다. 주저 말고 스스로 탐구하고 실험하라.

성공을 위한 승리의 팁

- 주제에 대한 자료를 이용하라.
- 서로 다른 해방 구조를 조합해 한층 강력한 것을 창조하라.

- 조직의 목표에 부합하는지 생각하지 않고 무작정 뛰어든다.
- '왜?'라는 질문을 던지지 않고 습관적으로 선택한다.

영감을 위한 진행 순서

시작

5분

워크숍의 테마 혹은 주제를 정하고, 필요한 경우 주제 명료화를 위해 신속하게 질의응답을 실시한다.

필요하다면 자재를 배분한다.

단계 #1

2분

각자 세션의 테마에 대해 내놓을 답변 혹은 제안을 생각해 보고 적는다. 포스트잇 1개당 아이디어 1개를 적는 원칙을 고수한다.

단계 #2

5분

2명씩 짝을 이루어 서로 경청하고 문장을 재구성하며 상대방에게 자신의 아이디어를 소개한다. 그리고 함께 아이디어를 보강하여 하나의 목록을 작성한다.

단계 #3

6분

2인 팀 둘씩 짝을 지어 다시 2단계를 시행한다. 마지막에는 각 그룹에서 대변인을 정해 그룹의 아이디어를 발표한다.

단계 #4

그룹당 3분

각 대변인은 본인의 그룹 아이디어를 공유하고 적어 모든 사람이 각자 제시한 아이디어를 전체적으로 조망할 수 있게 한다.

마지막 단계

10분

조직의 관점에서 가장 적합한 아이디어를 선택하기 위한 스티커 투표를 진행한다.

마무리

감사의 말, 피드백 그리고 식당으로!

해방 구조

여러분이 헤매지 않고 적절한 선택을 내리는 데 도움을 주고자 해방 구조 33가지를 간략히 소개한다.

즉석 네트워킹
Impromptu Networking
자신의 과제와 기대하는 바를 빠르게 공유하고, 새로운 사람을 만난다.

9가지 '왜?
'Nine Whys
공동 작업의 목표를 분명히 한다.

무엇을, 그래서, 그럼 지금은?
What, So What, Now What?
이룬 성과를 다 같이 돌아보고, 수정할 부분을 정한다.

트리즈
TRIZ
혁신의 여지를 만드는 데 역효과를 내는 활동과 행동을 배제한다.

긍정적인 인터뷰
Appreciative Interviews
성공 요인을 참고해 발견하고 창조한다.

1-2-4-전체
동시에 모든 참가자가 질문, 아이디어, 제안 공유에 참여한다.

사용자 경험 피쉬보울
User Experience Fishbowl
자신의 경험으로 습득한 지식을 큰 커뮤니티와 공유한다.

15% 솔루션
15% Solutions
각자가 자신의 상태와 자원으로 지금 할 수 있는 일을 발견하고 그 일에 집중한다.

25:10 크라우드소싱
25/10 Crowd Sourcing
조직에서 가장 중요하고 실현 가능한 아이디어를 빠르게 창출하고 걸러 낸다.

트로이카 컨설팅
Troika Consulting
자신의 동료로부터 실용적이고 창의적인 도움을 받는다.

커피 대화
Conversation Café
모두의 참여를 도모하여 주요 과제에 의미를 부여한다.

최소한의 스펙
Min Specs
목표에 도달하기 위해 '해야 할 행동'과 '하지 말아야 할 행동'을 엄격하게 정한다.

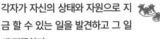

현명한 군중
Wise Crowds
빠른 주기로 조직의 현명한 집단 지성을 활용한다.

못된 질문
Wicked Questions
조직의 성공을 위해 마주해야 하는 역설적인 도전 과제를 이야기한다.

함께 그리기
Drawing Together
비언어적인 표현 방식으로 아이디어와 계획을 표현한다.

즉흥적 프로토타이핑
Improv Prototyping

기능성 게임을 하며 반복적인 도전 과제에 대한 효율적인 해결책을 개발한다.

동의-확실성 표
Agreement-Certainty Matrix

도전 과제를 간단, 난해, 복잡, 혼돈의 네 가지 카테고리로 분류한다.

움직이고 공유하기
Shift & Share

좋은 아이디어를 퍼뜨리고 혁신가들과 비공식적인 관계를 맺는다.

경청되고, 보여지고, 존중받는
Heard, Seen, Respected

정신을 집중해 경청하는 연습을 하고 동료들에게 공감을 발휘한다.

소셜 네트워크망
Social Network Webbing

목표 달성을 위해 비공식적인 관계를 도식화하고, 네트워크를 강화할 수 있는 가장 좋은 방법을 선택한다.

스토리보드 디자인
Design Storyboards

프로젝트에서 생산적인 결과를 얻기 위해 다양한 요소를 가지고 어떻게 진행할 것인지 정한다.

오픈 스페이스 테크놀로지
Open Space Technology

조직의 크기와 상관없이 내재된 행동과 리더십을 해방시킨다.

발견과 행동 대화
Discovery & Action Dialogue (DAD)

반복되는 문제에 대한 로컬 솔루션에 영감을 주고, 로컬 솔루션을 발견하고 촉진한다.

통합 자율성
Integrated Autonomy

이것 '혹은' 저것의 해결책에서 이것'과' 저것의 해결책으로 나아간다.

생성 관계
Generative Relationships

가치를 창출하거나 장애물로 작용하는 관계 도표를 업데이트한다.

중대한 불확실성
Critical Uncertainties

도래할 수 있지만 예측하기는 불가능한 미래 영역을 탐구하기 위한 전략을 개발한다.

목표에서 실행으로
Purpose-To-Practice (P2P)

지속 가능하고 탄력 있는 계획에 필수적인 요소 5가지를 설정한다.

에코사이클
Ecocycle

장애 요소와 발전 기회를 파악하기 위해 모든 종류의 활동과 관계를 분석한다.

상호연관성
Panarchy

관련 시스템이 어떻게 상호 작용하고, 발전하고, 혁신을 전달하고, 변모하는지 이해한다.

여러분에게서 내가 필요로 하는 것
What I Need From You(WINFY)

모든 기능을 위해 기본적으로 필요한 것을 끄집어내고, 도움 요청을 승낙하거나 거절한다.

유명인 인터뷰
Celebrity Interview

리더와 전문가의 경험을 도전 과제와 가장 유관한 사람들과 연결시킨다.

도움 휴리스틱
Helping Heuristics

다른 사람을 돕고, 다른 사람의 도움을 받거나 요청하기 위한 점진적인 방법을 이용한다.

심플 에스노그라피
Simple Ethnography

현장에서 사용자의 실제 행동을 관찰하고 기록한다.

C-K ☆☆☆

C-K(Concept-Knowledge)이론은 (재)고안해야 하는 제품 혹은 서비스의 '창조와 설계'를 촉진한다. 이름에서도 알 수 있듯이 콘셉트('Concept'의 C)와 지식('Knowledge'의 K) 두 가지를 결합한 기법이다. 이 두 가지로 한 아이디어에서 다른 아이디어로 옮겨 가며 새로운 아이디어를 창출하고, 이제껏 상상 속에만 머물던 것을 뛰어넘을 수 있다.

시간: 1~2시간
난이도: 조금 어려움
참가자 수: 5~30명

목표

- 집약적이고 폭발적인 혁신을 이룬다.
- 미래를 예측한다.
- 혁신의 틀을 잡는다.
- 지식을 연계해 창조한다.
- 고객의 니즈에 맞춰 기존의 답을 재창조한다.

성공을 위한 승리의 팁

실현 불가능한 아이디어, 아이디어 간의 연계를 장려하고 이끌어 내라. 지나치게 현실적인 틀에서 참가자들이 해방될수록 혁신적인 연상을 하게 될 것이다.

이해를 도울 그림

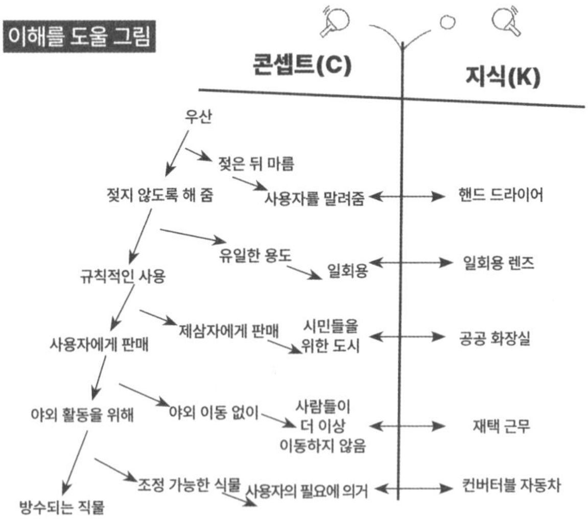

반드시 피해야 하는 함정

- 복잡한 워크숍이니 시각화 없이 시도하지 말라.
- 참가자들이 상대적으로 C공간보다 K공간을 더 많이 채운다면 참가자들은 콘셉트별로 심사숙고해야 하며, 곧바로 목표 제품과 연관 지어서는 안 된다. C-K는 지식과 콘셉트를 결합하고 발현시키는 단계지 곧장 완성품을 만들어 내는 단계가 아니다.

영감을 위한 진행 순서

시작 전 - 시작

- 둘로 나뉜 여백 한쪽에는 콘셉트를 위한, 다른 한쪽에는 지식을 위한 공간을 만든다.
- 워크숍에서 다룰 제품 혹은 서비스를 분명하게 (시각적으로 뚜렷하게) 안내한다.

단계 #1

5분

- 각자 개인적으로 제품과 관련해 머릿속에 떠오르는 모든 콘셉트를 생각하도록 한다(참가자들은 콘셉트를 끌어내기 위해 급격한 변화를 일으킬 수도, 불가능한 것을 상상할 수 있다).
- 각자 자신의 아이디어를 공간에 개시하도록 한다.

단계 #2

5분

각자 공유된 내용을 살펴본다. 논리가 매끄럽지 않다면 아이디어를 재구성하고 떠오르는 아이디어가 있다면 추가한다.

단계 #3

10분

참가자들이 각 콘셉트에 대응하는 기존의 솔루션 혹은 콘셉트 실현에 도움이 될 만한 지식을 고민하도록 한다. 이번 단계에서 여러분은 이미 알고 있는 것들을 조합해 만든 새로운 아이디어를 활용할 수 있다. 참가자들은 과감히 자신의 생각을 표현한다.

단계 #4

20분

이번에는 자유로운 생각/창의력을 펼친다. 머릿속에서 '꿈틀'대는 콘셉트 혹은 지식을 표현하고 각 공간에 추가한다.

마무리

10분

심화시키거나 발전시킬 콘셉트와 아이디어 투표. 감사의 말과 피드백 및 피드포워드.

피쉬보울 ☆

피쉬보울(Fishbowl) 기법으로 여러 참가자들은 명확한 주제와 관련된 몇 가지 질문을 두고 논의할 수 있다. 조직은 자유롭고 열린 토론을 하며 예상치 못한 방식으로, 대개 좀 더 진실된 자세로 주제를 탐구한다.

시간: 1~2시간
난이도: 쉬움
참가자 수: 10~50명

목표

- 투명한 논의를 보장한다.
- 자율적인 의견 교류의 틀을 제공한다.
- 의견 교류에 활력을 불어넣는다.
- 발언권 독점과 불협화음을 방지한다.
- 의사 결정을 내린다.
- 다수의 참가자가 토론할 수 있다.

이해를 도울 그림

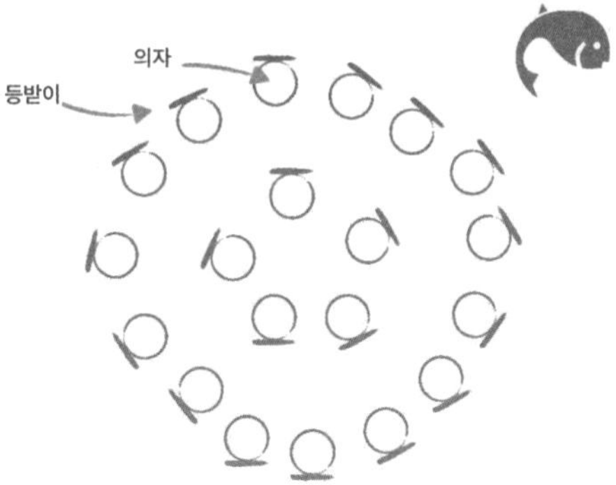

성공을 위한 승리의 팁

가장 소심한 사람들의 참여 기회를 최대한 높이려면 여러 그룹과 같은 훈련을 수차례 실시하고 워크숍 막바지에 의견을 공유한 뒤 결과를 종합해 볼 수 있다.

반드시 피해야 하는 함정

- 퍼실리테이터의 적절한 위치를 찾는 것이 중요하다. 자신의 존재를 지나치게 드러낸다면 토론을 특정 방향으로 유인할 수도 혹은 퍼실리테이터의 자리를 지키지 못할 수도 있다.
- 반면 퍼실리테이터가 중재자의 역할을 하지 않은 채 존재를 너무 미미하게 드러난다면 목소리가 크거나 발언 시간을 남용하는 사람이 자신의 의견을 강요할 수 있다.

영감을 위한 진행 순서

시작 전 – 시작

회의실 준비: 가운데에 의자 5개, 그 주변을 빙 둘러 나머지 의자를 원 모양으로 세팅한다.

워크숍에서 다룰 질문 2개를 준비한다.

단계 #1

가운데 의자에 4명이 앉는다.

단계 #2

20분

가운데 앉은 4명이 토론의 형식으로 답할 첫 번째 질문을 제시한다. 토론에 참여하고 싶어 하는 사람이 있다면 가운데 원 안에 자리를 잡고 안쪽 원의 한 명이 바깥 자리에 앉는다.

단계 #3

20분

20분 후 토론을 마무리 짓는다. 다시 가운데 의자에 앉을 사람 4명을 정하고 두 번째 질문을 던지며 다시 토론을 시작한다.

단계 #4

15분

결정 혹은 실행에 관해 적은 메모를 공유하며 얻은 결과를 종합한다.

마무리

감사의 말, 참가자들의 피드백.

가치흐름도 ☆☆

가치흐름도(VSM, Value Stream Mapping)는 제품이 최초 공정부터 마지막 공정에 이르기까지의 모든 활동을 보여 주는 프로세스 매핑 기법이다. 따라서 낭비의 근원을 이해하고 여러 공정 흐름이 담긴 목표 버전을 고안하기 위해 전체 생산 과정을 분석하는 데 초점이 맞추어져 있다.

시간: 2~48시간
난이도: 보통
참가자 수: 5~20명

목표

- 여러 흐름 속에서 부가 가치의 요인을 파악한다.
- 낭비의 원인을 제거한다.
- 생산 시간을 최적화한다.
- 작동 모드를 개선한다.

가치흐름디자인 만들기

- 생산 흐름이 고객의 니즈에 부합하는지 확인하기
- 가능한 한 빨리 연속 생산하는 방식 또는 필요한 만큼만 생산하는 풀 방식 중 하나를 선택하기
- 단 하나의 프로세스를 기반으로 하기
- 적재량 관리하기
- 한 회분의 용량 줄이기

새로운 배움을 위한 읽을거리

가치흐름도는 생산 라인의 낭비를 최소화하기 위한 생산 관리 기법인 린 관리(Lean Management)의 도구다. 린 관리 기법은 1990년대에 그 틀이 잡혔지만 1972년부터 도요타에서 적용한 생산 시스템으로부터 큰 영감을 받았다.

성공을 위한 승리의 팁

가치흐름도 작성에 여러 관계자를 참여시켜라. 수집한 정보만을 토대로 가치흐름도를 작성하지 마라. 가치흐름도는 모두가 공유하는 질 좋은 가치흐름디자인을 이해하고 만들기 위해 관리자 계급부터 실무진까지 참여하는, 반드시 필요한 공동 작업이다.

반드시 피해야 하는 함정

- 하나 혹은 여러 불필요한 프로세스에 관한 가치흐름도 워크숍을 연다.
- 하나의 프로세스에 관한 워크숍에서 나온 여러 계획을 조정하지 않는다.
- 적합하지 않은 활동을 맵핑한다.

영감을 위한 진행 순서

시작

목표를 분명히 하고 워크숍의 진행 순서를 설명하라.

단계 #1

워크숍에서 다룰 제품군을 확인한다. 비슷한 처리 과정을 거치는 제품군의 범주가 넓을수록 최적화 역시 더 넓은 범위에서 이루어지고 부작용의 가능성이 낮아진다. 이를 위해서는 문제시 되고 있는 단계와 제품에 연계돼 있는 가치를 주의 깊게 들여다봐야 한다.

단계 #2

고객에 인도된 마지막 완성품부터 여러 단계를 거쳐 첫 공정까지 거슬러 올라간다. 매번 (리드 타임, 부가 가치 창출 시간, 사이클 타임 등과 같은) 시간 및 생산 체인의 시간 관리를 이해하는 데 도움이 되는 정보와 같은 특징을 기록하라.

단계 #3

정해진 그림 기호를 이용해 가치흐름도를 그리고, 재료와 정보의 흐름 및 타임라인을 표시한다.

단계 #4

공정이 개선된 이후 목표로 삼은 미래 상황에 대응하는 가치흐름디자인을 그린다

단계 #5

가치흐름디자인의 이행을 위한 계획을 세운다.

마무리

감사의 말, 피드백.

공동 발전 ☆☆

공동 발전(Codevelopment)은 여러 참가자의 실무와 경험 교류를 바탕으로 하며, 이러한 교류에서 조직은 구성원 한 명을 위해 자신의 지식과 아이디어를 공유한다. 하지만 거기에 그치지 않고 뚜렷한 주제에 초점을 맞추어 정보를 교류하며 조직 전체가 성장한다(아니라면 조직이 어떻게 스스로 학습할 수 있겠나).

시간: 1~1.5시간
난이도: 보통
참가자 수: 5~8명

목표

- 구성원의 구체적인 문제를 다룬다.
- 상호 연대를 강화한다.
- 지식과 경험 공유를 강조한다.
- 조직의 각 구성원과 신뢰를 구축한다.
- 제안을 다양화한다.
- 도움받는 것을 받아들인다.

새로운 배움을 위한 읽을거리

공동 발전의 변형된 버전으로 '플래시 코데브(Flash Codev)'가 있다. 공동 발전과 가장 큰 차이점은 한 세션이 30분이라는 것이다. '플래시 코데브'에서는 문제 설명에 더 적은 시간을 할애하고, 고객에 신뢰를 주기 위해 세션 중간에 피드백을 제공하며 훨씬 빠르게 해결책으로 넘어간다.

성공을 위한 승리의 팁

가장 소심한 사람들의 참여 기회를 최대한 높이려면 여러 그룹과 같은 훈련을 수차례 실시하고 워크숍 막바지에 의견을 공유한 뒤 결과를 종합해 볼 수 있다.

반드시 피해야 하는 함정

의견을 표현하고자 하는 사람이 여럿일 때 단계별 규칙에 어긋나더라도 그대로 내버려 두기 쉽다. 하지만 이는 세션 막바지의 결과 도출에 매우 비효율적으로 작용한다. 따라서 퍼실리테이터로서 규칙을 지키도록 하라. 좋은 의도로 하려던 일이 가끔은 도리어 그렇지 못한 결과를 가져오기도 하지 않나?

영감을 위한 진행 순서

시작

1분

세션의 고객을 (주로 사전에) 지정하라. 다른 사람들은 컨설턴트를 맡는다.

단계 #1

5분

고객은 문제, 프로젝트 혹은 걱정거리를 발표한다. '컨설턴트'로 불리는 나머지 사람들은 경청한다.

단계 #2

10분

컨설턴트들은 필요하다고 생각되는 질문을 던지며 고객이 가져온 주제를 명료히 하는 과정을 거친다.

단계 #3

2분

고객은 세션에서 나머지 구성원에게 기대하는 바를 명확히 하며 자신의 요구를 재구성한다.

단계 #4

30분

컨설턴트는 본격적으로 작업에 착수한다. 첫 번째 개인 시간에는 상황에 대한 자신의 판단, 고객과 공유할 조언 그리고 제안에 대해 의견을 내기 전에 각자 자신의 아이디어를 분명하게 파악한다. 고객은 의견 교류에 참여하지는 않지만 컨설턴트들이 제안하는 아이디어와 해당 단계에서 나오는 의견을 놓치지 않기 위해 한층 더 주의를 기울여야 한다.

단계 #5

10분

고객은 워크숍을 종합하고 자신의 실행 계획을 제시한다.

마무리

10분

각자 배운 바를 공유하고 진행 과정에서 개선 가능한 점에 대해 회고한다.

U 이론 ☆☆☆

오토 샤머(Otto Scharmer)가 개발하고 그의 저서 《본질에서 답을 찾아라》에서 소개한 U 이론은 과거의 관점과 결별하는 해결책을 발견하고 이행하기 위해 리더십과 집단 지성을 결합한다. U 이론은 개인적인 관점에서뿐만 아니라 집단적 관점에서 완전히 깨어있는 상태에 철저하게 초점을 맞춘다. 완전히 깨어있는 상태에서 목표 및 생태계에 가장 적합한 것을 고안하는 게 U 이론의 목표다.

목표

- 과거와는 완전히 다른 모습의 미래에 걸맞은 획기적인 혁신을 이룬다.
- 사회적, 환경적, 정신적 영향을 고려한다.
- 개인적, 집단적으로 성찰한다.
- 시스템 공학을 고려한다.

몇 가지 원칙

본래 U 이론은 본인의 생태계에 본질적인 변화를 일으킬 만한 잠재력과 영향력을 지닌 소규모 집단을 대상으로 한다. 집단 관리 능력은 대표의 역량에만 좌지우지되지 않는다. 대표의 내면 상태와 그가 내면 상태와 맺고 있는 관계에도 좌우된다('대표'를 다른 것으로 대체해도 마찬가지다).

성공을 위한 승리의 팁

- 한 번에 가파르게 올라가지 않도록 여러 단계를 완만하게 그려라.
- 실행한 업무, 업무의 결과를 이해하기 위해 여러 진척 상황을 평가하도록 하라.
- 모두가 변화를 인지할 수 있게 팀의 여정, 이전에 기입하고 평가받은 단계를 구체화하라.

반드시 피해야 하는 함정

- 혼자 시도한다.
- 신속하고 새로운 결과를 약속한다. 다시 말하지만 퍼실리테이터는 모든 수단을 동원하겠다는 약속을 한다 해도 참가자들이 결과에 미치는 영향을 무시할 수 없다.
- 팀의 영향력을 확인하지 않고 워크숍에 뛰어든다.

어떻게?

U 이론의 이름은 프로세스를 나타낸 모양에서 비롯됐다. 우선 하강하는 구간에서는 오토가 명명한 '현존감(Presencing, Presence와 Sensing의 합성어)'에 이를 때까지 현재에 재연결된다. 그리고는 워크숍 이후 다르게 보고 느낄 수 있는 모든 것에 연결되는 재상승 구간이 나타난다. 마땅히 와야 할 것이 올 수 있도록 마음을 열고 받아들이는 것이다.

U 이론 모델링

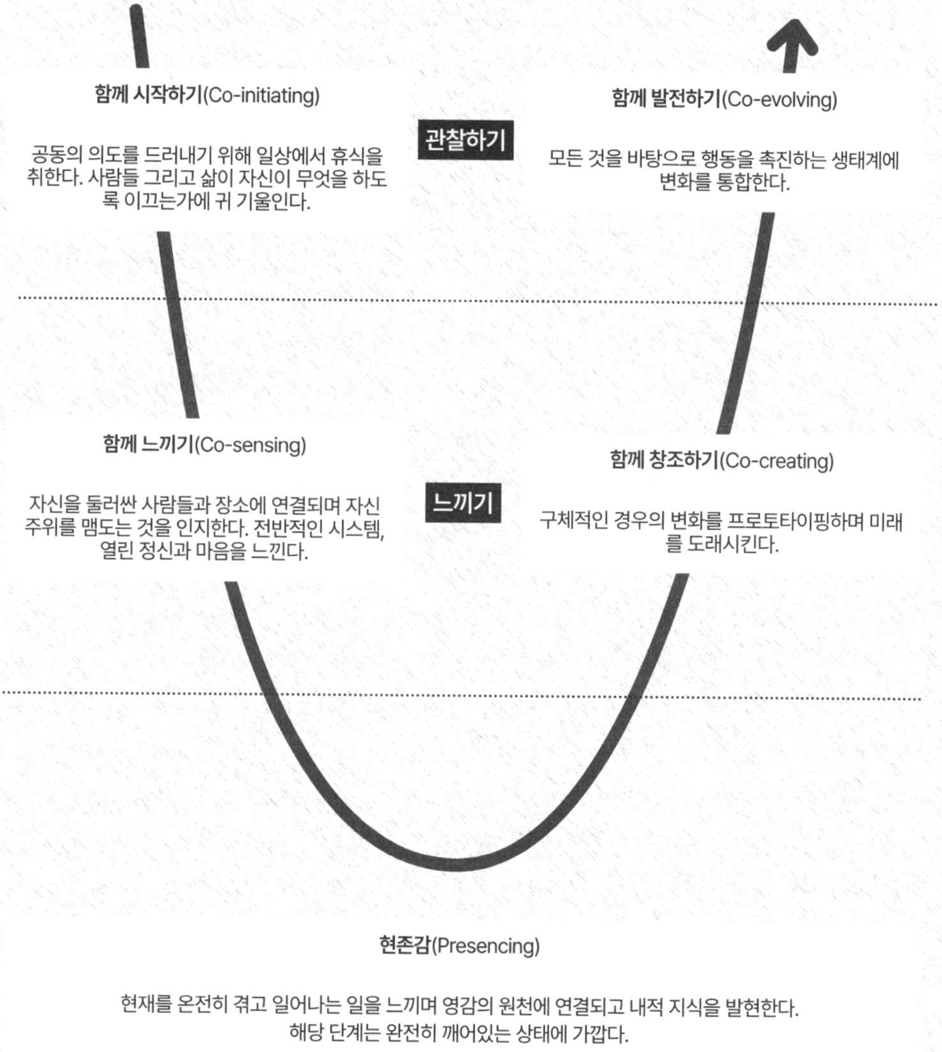
함께 시작하기(Co-initiating)
공동의 의도를 드러내기 위해 일상에서 휴식을 취한다. 사람들 그리고 삶이 자신이 무엇을 하도록 이끄는가에 귀 기울인다.
관찰하기
함께 발전하기(Co-evolving)
모든 것을 바탕으로 행동을 촉진하는 생태계에 변화를 통합한다.
함께 느끼기(Co-sensing)
자신을 둘러싼 사람들과 장소에 연결되며 자신 주위를 맴도는 것을 인지한다. 전반적인 시스템, 열린 정신과 마음을 느낀다.
느끼기
함께 창조하기(Co-creating)
구체적인 경우의 변화를 프로토타이핑하며 미래를 도래시킨다.
현존감(Presencing)
현재를 온전히 겪고 일어나는 일을 느끼며 영감의 원천에 연결되고 내적 지식을 발현한다.
해당 단계는 완전히 깨어있는 상태에 가깝다.

심층 민주주의 ☆☆☆

민주주의에는 다수의 뜻이 담겨 있는 반면, 심층 민주주의(Deep Democracy)는 단절이 아닌 전체적인 응집력을 위해 중앙의 목소리만큼이나 변방의 목소리도 고려한다.

'전체'로서 앞으로 나아가기 위해서는 의식 그 너머를 탐구할 필요가 있다.

목표

- 동기를 부여할 수 있고 영향력 있는 집단 솔루션을 모색한다.
- 모두를 참여시키고, 더 적극적인 참여를 이끌어 낸다.
- 갈등을 해결한다.
- 집단 지성이 발현된다.
- 이야기할 수 있는 안전한 공간을 제공한다.

관찰할 수 있는 의식의 3단계

- **일상적 실재(Consensus Reality)**

우리의 경험을 통해 추측하고 관찰할 수 있는 것.

- **꿈 영역(Dreamland)**

추측할 수 없고 순수하게 주관적인 것.

- **본질(Essence)**

우리의 내면 깊숙이에 있어 표현할 수 없는 것.

심층 민주주의는 우리 각자를 전체로서 연결하기 위해 위의 3가지 단계를 똑같이 중요하다고 여긴다.

새로운 배움을 위한 읽을거리

심층 민주주의는 인종차별에서 민주주의로 넘어가는 1990년대 초 마이르나 루이스(Myrna Lewis)가 비즈니스 업계에서 주창한 기법이다. 현재 전 세계 30개가 넘는 국가에서 다양한 방면(비즈니스, 정치, 건강, 교육, 비영리 활동, 사회 운동)에서 사용되고 있다.성

- 참가자들이 '나는'으로 문장을 시작하며 자신의 입장에 대한 책임을 지는지 지켜보라.
- 새로운 아이디어를 촉진하기 위해 반대 의견에는 역제안이 따라와야만 한다.
- 조직이 이룬 바를 인식할 수 있도록 진전과 제안을 자주 상기시켜라.

반드시 피해야 하는 함정

- 모두에게 의견 표명을 권유하기보다 강요한다.
- 좋은 분위기와 냉소적이고 압박감을 주는 분위기를 혼동한다. 두 분위기는 한 끗 차이다. 하지만 그 차이를 알아차리지 못한다면 무엇보다 조직의 손해다.
- 어떻게든 만장일치를 추구한다. 심층 민주주의는 100% 지지를 이끌어 내는 활동이 아니라 표현하고 함께 공유하는 작업이다.

영감을 위한 진행 순서

시작

5분

워크숍의 주제를 분명히 밝힌다. 이 주제는 질문 혹은 열린 문장으로 반응을 이끌어 내고 합의에 도달하기 위한 것이다.

단계 #1

10분

방 안에서 사람들이 돌아다닌다. 누군가가 주제에 대한 의견이나 아이디어가 떠오르는 즉시 한 문장으로 정리해 큰 목소리로 말하면 다른 사람들은 그의 의견에 동의 혹은 반대하는지에 따라 그 사람에게 다가가거나 그로부터 멀어진다. 그리고 각자가 자신의 입장을 설명한다.

단계 #2

15분

초반에 주제에 관한 구체적인 예시로 시작할 때를 제외하고는 이전 단계와 같은 원칙을 따른다. 사람들은 제안에 반응을 보이고, 그룹은 찬성 혹은 반대 여부에 따라 계속해서 움직인다. 그리고 매번 의견 표명을 위해 의견 교류의 시간을 가진다.

단계 #3

10분

동의의 측면에서 가장 멀리 떨어져 있는 사람들에게 자신의 입장을 뒷받침해 달라고 요청하며 계속해서 탐구를 이어 나가기를 제안한다. 가장 조심스러운 태도를 보이는 참가자들에게 의견을 표현해 보라고 권유한다.

단계 #4

20분

에너지가 줄어들고 큼직큼직한 아이디어가 나왔거나 실행에 옮길 해결책에 대한 합의가 이루어졌다면 거의 끝난 셈이다. 어떤 경우든지 간에 그룹을 칭찬하고 세션이 끝나더라도 계속해서 나아갈 수 있도록 격려한다.

마무리

2분

각자 피드백을 하고 감사 인사를 나눌 시간을 제공한다.

여러분을 위한 페이지다, 워크숍과 관련해 떠오르는 모든 아이디어를 적어라.

내가 하고 싶은 워크숍

창의력

- ....
- ....
- ....
- ....
- ....
- ....
- ....
- ....
- ....
- ....
- ....
- ....
- ....
- ....

문제 해결

- ....
- ....
- ....
- ....
- ....
- ....
- ....
- ....
- ....
- ....
- ....
- ....
- ....
- ....

MINI QUIZ ⑦

가려진 주차장 자리 번호는 무엇인가?

수렴

발산

실천

과감히 뛰어든 여러분이 가라앉지 않도록 붙잡아 줄 작은 선물

머리를 식힐 소소한 활동을 준비했다. 다음 페이지를 오려 내서 순서대로 접어 보라!

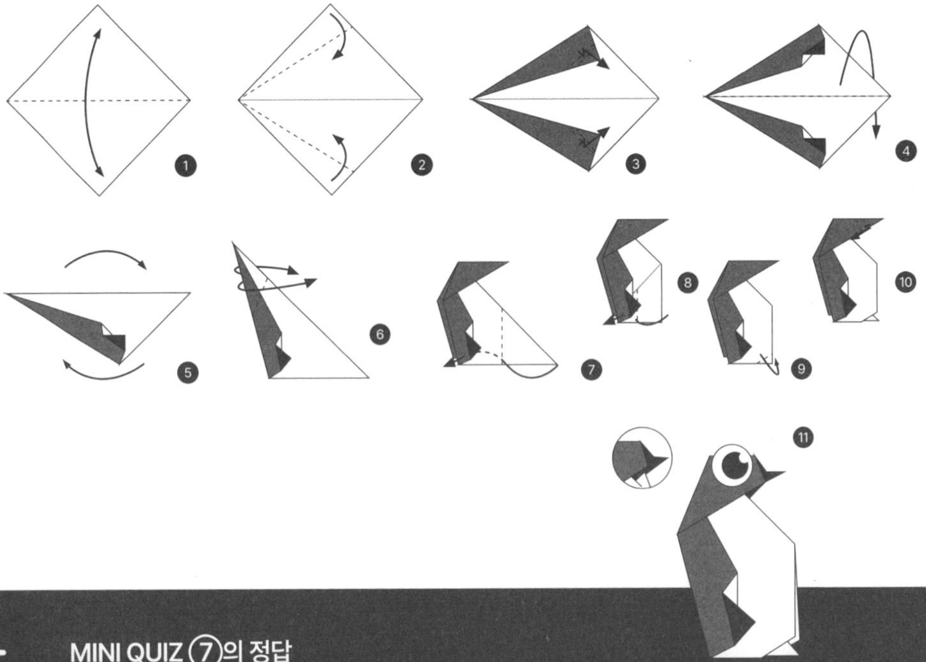

MINI QUIZ ⑦의 정답

87.

이번 장에서 얻은 핵심 아이디어 5가지

#1 .... #2 .... #3 ....

#4 .... #5 ....

여권에 도장 찍기

본인의 것으로 흡수한 개념의 도장을 연필로 따라 그려 보라.

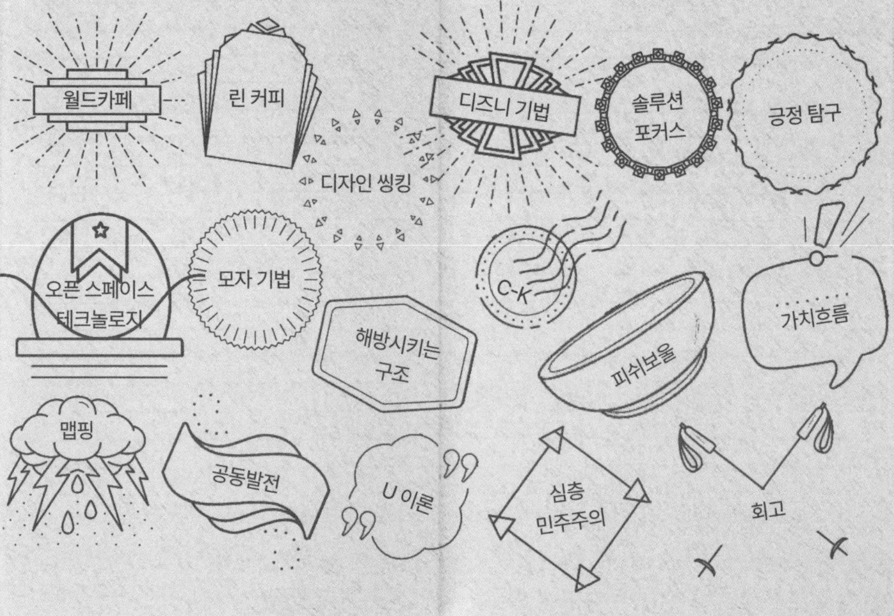

"달리는 사람에게 호흡이 필요한 것만큼이나

학습에는 배우는 기쁨이 필요하다."

-마리아 몬테소리(Maria Montessori)

6장

퍼실리테이터로 성장하고 앞으로 나아가기

여러분이 퍼실리테이션의 첫(혹은 그다음) 단계를 밟는 동안 이 책이 그 곁을 지켰지만 이제 남은 여행은 여러분에게 달렸다.

이 책의 챕터들은 그 자체로 온전한 여정들이다. 여러분이 영감을 얻고 그다음 여정을 생각할 수 있도록 돕기 위해 마련된 페이지다.

인터뷰

오드리 뒤피스 Audrey Dufils

자기소개를 한다면?

이름은 오드리, 나이는 23살이다. 꿈꾸는 낙관주의자다! 예전부터 인간관계, 교육학 그리고 다른 수많은 것에 관심이 많았던 터라 한층 더 조화롭고, 공정하고, 평등한 세상을 만들고자 한다. 지금은 주로 라 바스큘(La Bascule), 좀 더 정확히는 페르틸(Fertîles)에서 일하고 있다. 학습에 이로운 공간과 시간을 만들고 활동 및 경험에 대한 피드백을 통해 학습법을 만드는 교육 부문을 담당하고 있다. 동시에 멘토링을 통해 퍼실리테이터들이 일을 시작할 수 있도록 돕고, 협력의 자세에 기반을 둔 교육 과정을 개발하고 있다.

퍼실리테이션을 몇 마디로 정의한다면?

퍼실리테이션은 일상 속에서 구현되는 인생 철학이다. 참가자들이 내용을 담은 그릇이 아니라 온전히 내용에 집중하게 만들어 주는 시간과 공간을 만드는 기술이다. 퍼실리테이터는 악기 하나하나의 특징에 귀 기울이는 오케스트라 지휘자와 같이 조직 전체가 화음을 이루는 길로 이끈다. 내게 퍼실리테이션은 엄격한 틀을 잡는 동시에 유연하게 접근하는 자세를 유지하는 일이다.

이 직업을 선택한 이유는?

적성에 맞고 사람을 좋아한다. 소통이 사람 간 모든 상호 작용을 단단히 이어 주는 것이자 갈등 그리고 사랑의 토양이라는 사실을 꽤 어린 나이에 깨달았다. 그리고 그에 걸맞게 비폭력대화(NVC), 적극적 경청, 피드백 등을 타고나는 운도 따랐다…. 그런 요소들이 나와 내 주변 사람들을 변화시켰고, 몇몇은 멀어지기도 했다. 원활하고 편안한 소통이야말로 내가 퍼실리테이션을 통해 전달하고자 하는 것이다.

어떻게 퍼실리테이터라는 직업을 만나게 되었는가?

내가 다니던 ENSCI 공대에서 내가 꿈꿔 왔던 직업이 실제로 존재한다는 걸 알게 됐다! 그리고 드디어 라 바스큘에서 손에 잡힐 듯이 구체적으로 이루어지고 있는 퍼실리테이션을 만났다. (여러 다른 기관들 중에서도) 협력 및 집단 지성 교육 기관인 유니베르시테 뒤 누(Université du Nous), 라보라투아르 뒤 콜렉티프(Laboratoire du Collectif)를 통해 퍼실리테이터와 전문가를 육성하는 직업이 단순한 이상향이 아니라 실제로 존재한다는 걸 알게 됐다.

퍼실리테이터에게는 중립을 지켜야 하는 의무가 있는데 일을 하면서 강한 확신을 가지는 게 가능한가? 중립의 의무와 강한 확신이 양립 가능한가?

완전히 가능하다!!! 나는 타고나기를 주장이 강하고 가치관이 뚜렷한 편이지만 다른 것 역시 고려할 줄 안다. 이 부분에서도 모든 건 공간과 시간의 문제다. 클라이언트, 조직과의 '계약'도 고려해야 한다. 너무나 많은 경우가 있다! 예정된 퍼실리테이션의 경우, 내가 이해관계자라는 생각이 들고 퍼실리테이팅하기에 적절한 사람이 아니라는 생각이 든다면 다른 사람에게 도움을 요청하거나 나의 목소리를 대신해 줄, 중립적인 태도로 퍼실리테이팅 할 수 있는 믿을 만한 사람을 찾는다! 퍼실리테이터가 된다는 건 자신의 한계를 인지(혹은 인정)하고, 필요할 때는 동료에게 도움을 요청할 줄 아는 것이다. 예상치 못한 퍼실리테이션을 하게 되었는데 나의 의견을 표현하고 싶다면 조직에 기대어 나를 '퍼실리테이팅'한다! 퍼실리테이션은 서로 공유하는 것이다!

다른 사람에게 퍼실리테이션을 알려 줄 때 중요하다고 생각되는 것은?

자세다. 겸손한 자세를 취하는 것. 그리고 우리가 늘 중요시하는 본인의 경험에 대해 이야기하기. 대담하게 행동에 나서고, 연습하고, 훈련하도록 북돋기. 퍼실리테이션은 이론적인 개념이 아니다.... 실질적인 것이다! 그리고 시간을 들여 피드백을 주는 연습을 하는 게 가장 중요하다! 마지막으로 참가자에게 정답을 주기보다는 질문을 던지는 게 중요하다. 가장 강력한 학습은 자기 안에서 이루어지는 것이며, 다른 사람은 우리를 담아내거나 반사하는 역할을 할 뿐이다.

퍼실리테이터가 갖추어야 할 자질은?

퍼실리테이터는 개인적으로 단단한 내면을 지녀야 한다. 내면의 균형이 잘 잡혀 있지 않다면 조직에 자신의 에너지를 쏟기가 어렵다. 그 역시도 날마다 달라질 수 있다! 또 중립적이고, 조직의 필요에 귀 기울이고, 의도를 분명히 해야 할 의무가 있다. 마지막으로 내가 생각하는 좋은 퍼실리테이터는 적응하고 성장하는 데 도움이 되는 자신감, 겸손한 자세, 문제 제기 그리고 열린 마음 사이에서 자신의 균형을 잡는 사람이다.

퍼실리테이션에서 본인이 얻고자 하는 바는?

사실 잘 모르겠다. 내게 퍼실리테이션은 사람들이 '다른 사람들과 함께 있고, 함께할 때' 성장할 수 있도록 돕고 싶다는 마음을 실현하기 위한 수단이다. 종국에는 퍼실리테이팅보다 교육에 더 힘을 쏟을지도 모른다!

본인에게 영감을 주었던 행사, 조직, 사람들은?

라 바스큘(일상적으로는 'An Off', 'An rézo' 행사들...), 협업을 배우는 사람의 자세에 관한 교육, 아르쉬펠 도르도뉴 트렁지시옹(Archipel Dordogne Transition), 파리시, 아르쉬펠 데 제콜 뒤 비오미메티즘(Archipel des École du Biomimétisme), 알테르쿱(AlterCoop)···. 영감을 줬던 사람들? 나의 부모님은 무너져도 다시 일어나는 법을 가르쳐 주셨고, 나는 그분들이 내게 주신 모든 것, 여전히 오늘날에도 주고 계신 것으로부터 영감을 얻는다. 친구들은 각자 자기만의 방식으로 영감을 준다. 나는 인간에 매력을 느끼고 인간의 솔직함과 독특함을 보며 영감을 얻는다.

앞으로 당신에게 무슨 일이 펼쳐지기를 바라는가?

아름다운 만남, 수많은 학습, 예기치 못한 일, 놀라운 일들…. 크든 작든 내 방식대로 이룬 성공. 그냥 행복하기. 어쨌든 모두가 그러기를 바란다. 그리고 조금 더 프로페셔널해지기 위해서는 현재 개발 중인, 협력 학습자의 자세 훈련에 대한 의욕을 지속적으로 그리고 프로페셔널하게 일으켜야 한다…!

퍼실리테이션에서 이루고자 하는 꿈은 무엇인가?

나(우리)의 직업이 사라지는 것, 우리 모두가 어렸을 적부터 퍼실리테이션을 학습하는 것이다. 적합성을 추구하는 것이 사람들이 과감히 뛰어들고 실천하는 데 더 이상 방해 요소로 작용하지 않았으면 한다!

마지막으로 한마디 한다면?

직업병인데, 퍼실리테이션을 시작해 보길 권하며 마무리하겠다. 만약 나의 말을 듣고 '한 발 더 나아가기' 전에 한 템포 쉬어가며 '내가 뭘 배웠지? 나는 뭘 알려 주고 싶지? 당장 내일부터 무얼 실행에 옮기고 싶지?…다음에 난 어떤 소소한 걸음을 내딛을까?'라는 질문을 던졌다면 바로 지금 시작해야 배운 것을 잊지 않고 앞으로 나아갈 수 있다. 적어도 좋고, 녹음해도 좋고, 친구에게 전화해 볼 수도 있다…. 아니면 그저 눈을 감고 호흡하라…. 여러분 마음이다!

P.S.: 내게도 소식을 전해 준다면 나 역시 기쁜 마음으로 읽어 내려갈 것이다.

지금 이 단계에서 머릿속을 스치는 모든 생각을 적어라!

영감의 벽

퍼실리테이션, 집단 지성 그리고 공동 거버넌스에 대해 더 배우기 위해 아래 행사, 기관, 이니셔티브를 탐구해 보기를 권한다.

여정에서 마주친 여러 영감을 적으며 이 영감의 벽을 마무리해 보라.

- La Bascule : la-bascule.org
- #MAVOIX : mavoix.info
- The Value Web : thevalueweb.org
- Ceebios : ceebios.com
- Le Social Bar : social-bar.org
- Saillans : mairiedesaillans26.fr
- Patagonia : eu.patagonia.com/fr
- Vendredi : vendredi.cc
- Buurtzorg : buurtzorg.com
- La fresque du Climat : fresqueduclimat.org
- Art of Hosting : artofhosting.org/fr
- Fly The Nest : flythenest.io
- Hitrecord : hitrecord.org
- Convention citoyenne pour le climat : conventioncitoyennepourleclimat.fr
- Codesign-It : codesign-it.com
- Klap.io : klap.io
- Burning Man Project : burningman.org
- Université du Nous : universite-du-nous.org

여러분의 영감, 움직임 혹은 퍼실리테이터를 적어라.

더 깊은 연구를 위한 참고 자료

I

주변 환경을 분석해 어디에, 어떻게 중점을 둘지 알아보기

Edgar Morin, *Introduction à la pensée complexe*, Points, 2014.

Peter Singer, *Théorie du tube de dentifrice. Comment changer le monde selon Henry Spira*, Goutte d'Or, 2018.

Paul Watzlawick, John Weakland et Richard Fisch, *Changements. Paradoxes et psycho-thérapie*, Points, 2014.

Cyril Dion, *Demain. Un nouveau monde en marche*, Actes Sud, 2015.

Gauthier Chapelle et Michèle Decoust, *Le Vivant comme modèle. Pour un biomimétisme radical*, Albin Michel, 2020.

Srdja Popovic, *Comment faire tomber un dictateur quand on est seul, tout petit, et sans armes*, Payot, 2017.

Estelle Boutan et Karin Aubry, *Essaye encore ! Déjouer les pièges relationnels au travail avec l'approche de Palo Alto*, Enrick B. Éditions, 2017.

Cyril Dion, *Petit manuel de résistance contemporaine. Récits et stratégies pour trans-former le monde*, Actes Sud, 2018.

Yvon Chouinard et Naomi Klein, *Confessions d'un entrepreneur… pas comme les autres*, Vuibert, 2017.

Frédéric Lalou, *Reinventing Organizations*, Diateino, 2019.

Catherine Foliot, Greg Sérikoff et Manuel Zacklad (dir.), *Le Lab des labs*, Codesign-it/CNAM/CGET/DITP, 2019. À télécharger ici http://bit;ly/lelabdeslabs.

François Dupuy, *Lost in management. La Vie quotidienne des entreprises au XXIe siècle*, Points, 2014.

Tony Hsieh et Michel Edéry, *L'Entreprise du bonheur*, Leduc S., 2011

Isaac Getz, *La liberté, ça marche. L'Entreprise libérée, les textes qui l'ont inspirée, les pion-niers qui l'ont bâtie*, Éditions Flammarion, 2016.

Ed Catmull, *Creativity, Inc. Les Secrets de l'inspiration par le fondateur de PIXAR*, Talent

Éditions, 2020.

Olivier Piazza, *Découvrir l'intelligence collective*, Interéditions, 2018.

Amy C. Edmondson, *The Fearless Organization: Creating Psychological Safety in the Workplace for Learning, Innovation, and Growth* (non traduit), John Wiley & Sons Inc, 2018.

Patrick Lencioni, *Optimisez votre équipe*, Un Monde Différent, 2005.

Charles Pépin, *La Confiance en soi, une philosophie*, Allary Éditions, 2018.

Stephen M. R. Covey et Rebecca Merrill, *La Vitesse de la confiance*, Mango Media, 2019.

Malcolm Gladwell, *Le Point de bascule. Comment faire une grande différence avec de très petites choses*, Éditions Flammarion, 2016.

II

여러 각도에서 인간 탐구하기

Daniel Pink, *La Vérité sur ce qui nous motive*, Éditions Flammarion, 2016.

Mihaly Csikszentmihalyi, *Vivre. La Psychologie du bonheur*, Pocket, 2006.

Julia Cameron, *Libérez votre créativité*, J'ai Lu, 2007.

Guy Aznar et Anne Bléas, *99 idées pour trouver des idées, tout seul, à deux ou à plusieurs*, Eyrolles, 2018.

Gauthier Helloco, *Encore un p***** de bouquin sur la créativité. Arrêtez de vouloir toujours plus d'idées, faites vivre les vôtres*, Dunod, 2020.

Tom et David Kelley, *La Confiance créative. Tous innovateurs avec le* Design Thinking, Interéditions, 2016.

Robert-Vincent Joule et Jean-Léon Beauvois, *Petit traité de manipulation à l'usage des honnêtes gens*, Presses Universitaires de Grenoble, 2014.

Robert Cialdini, *Influence et manipulation. L'Art de la persuasion*, Pocket, 2014.

Daniel Kahneman, *Système 1/Système 2. Les deux vitesses de la pensée*, Éditions Flammarion, 2016.

Olivier Sibony, *Vous allez commettre une terrible erreur !* Éditions Flammarion, 2019.

Hans Rosling, Ola Rosling et Anna Rosling Rönnlund, *Factfulness*, Éditions Flammarion, 2019.

Daniel Goleman, *L'Intelligence émotionnelle* (édition intégrale), J'ai Lu, 2014.

Austin Kleon, *Voler comme un artiste*, Les Éditions de l'Homme, 2014.

Keri Smith, *How to Be an Explorer of the World: Portable Life Museum* (non traduit), Particular Books, 2011.

III

여행자와 가이드의 마음가짐 및 자세 갖추기

Marshall B. Rosenberg, *Les mots sont des fenêtres (ou bien ce sont des murs)*, La Découverte, 2016.

Thomas d'Ansembourg, *Cessez d'être gentil, soyez vrai ! Être avec les autres en restant soi-même* (édition illustrée), Les Éditions de l'Homme , 2014.

Kerry Patterson et al., *Conversations cruciales. Savoir et oser dire les choses*, 2e éd., Vitalsmarts France, 2016.

Christine Petitcolli, *Victime, bourreau ou sauveur : comment sortir du piège ?* Éditions Jouvence, 2011.

Marianne Leenart, *Pas sage ! Mon livre de méditation anti-clichés*, Éditions Flammarion, 2019.

Christian Bobin, *Le Très-Bas*, Gallimard, 1995.

Étienne de Balasy, *Le Guide (presque) complet du (presque) parfait stand-up et one man show !!!* Le Cherche Midi, 2020.

Jean-Loup Chiflet, *Le Bouquin de l'humour involontaire*, Robert Laffont, 2018.

Kyan Khojandi et Bruno Muschio, *Pulsions*, Albin Michel, 2019.

Mike Rohde, *Initiation au sketchnote. Le Guide illustré de la prise de notes visuelles*, Eyrolles, 2016.

Martin Haussmann, *UZMO. Penser avec son stylo. Présenter ses idées, convaincre et faci-liter avec la pensée visuelle !*, Eyrolles, 2019.

Étienne Appert, *Penser, dessiner, révéler ! Toutes les méthodes pour accompagner les idées, les équipes et la vie par le dessin*, Eyrolles, 2018.

Hubert Reeves, *L'Univers expliqué à mes petits-enfants*, Le Seuil, 2011.

Charles Duchaussois, *Flash ou le Grand voyage*, LGF/Livre de Poche, 1996.

Mata Amritanandamayi, *Ce qu'Amma dit au monde. Enseignements d'une sage d'au-jourd'hui*, Points, 2017

IV

효과적인 워크숍을 설계하고 퍼실리테이팅하기

Mélissa Aldana, Vincent Dromer et Yoann Leméni, *Passez au* Design Thinking. *Penser, construire et mener nos premiers ateliers de cocréation*, Eyrolles, 2019.

Philippe Coullomb et Shoba Chandran, *Collaboration By Design* (non traduit), Wheretofromhere?, 2017.

Kevin Hoffman, *Meeting Design: For Managers, Makers, and Everyone* (non traduit), Two Waves Books, 2018.

Jean-Michel Moutot et David Autissier, *Passer en mode workshop ! 50 ateliers pour améliorer la performance de votre équipe*, Pearson, 2016.

James Macanufo, Sunni Brown et Dave Gray, *Gamestorming. Jouer pour innover. Pour les innovateurs, les visionnaires et les pionniers*, Diateino, 2019.

Edward de Bono, *La Boîte à outils de la créativité*, Eyrolles, 2013.

Jake Knapp, *Sprint. Résoudre les problèmes et trouver de nouvelles idées en cinq jours*, Eyrolles, 2017.

Philippe Labat, *Développer l'intelligence collective. Méthodes et outils pour faciliter les ateliers collaboratifs*, Vuibert, 2019.

Justin Lokitz et Patrick van der Pijl et Lindsay Kay Solomon, *Design a better business. Les Nouvelles Clés de la stratégie et de l'innovation*, Pearson, 2017.

Priya Parker, *Art of Gathering: How We Meet and Why It Matters* (non traduit), Riverhead Books, 2018

Sam Kaner, *Facilitator's Guide to Participatory Decision-Making* (non traduit), John Wiley & Sons, 2014.

Dale Hunter, *The Art of Facilitation: The Essentials for Leading Great Meetings and Creating Group Synergy* (non traduit), John Wiley & Sons, 2009.

Brené Brown, *Dare to Lead: Brave Work. Tough Conversations. Whole Hearts* (non tra-duit), Random House, 2018.

기억의 벽

I

주변 환경을 분석해 어디에, 어떻게 중점을 둘지 알아보기

II

여러 각도에서 인간 탐구하기

III

여행자와 가이드의 마음가짐 및 자세 갖추기

Ⅳ

효과적인 워크숍을 설계하고 퍼실리테이팅하기

Ⅴ

검증된 방식을 통해 영감을 얻고 더욱 발전시키기

Ⅵ

퍼실리테이터로 성장하고 앞으로 나아가기

내가 배운 10가지

26페이지에 적은 본인의 목록을 참고하라!

#1 ....

#2 ....

#3 ....

#4 ....

#5 ....

#6 ....

#7 ....

#8 ....

#9 ....

#10 ....

더 배우고 싶은 10가지

#1 ....

#2 ....

#3 ....

#4 ....

#5 ....

#6 ....

#7 ....

#8 ....

#9 ....

#10 ....

이 두 가지 목록을 아주 조금 발전시켜 보라.

1. 가장 마음에 들지 않는 2가지를 제외하라.
2. 그리고 해낼 수 없을 것 같은 3가지에 동그라미 쳐라.
3. 그리고 가장 쉽게 해낼 수 있을 것 같은 3가지에 밑줄을 쳐라.

해낼 수 없을 것 같은 것 하나, 쉽게 해낼 수 있는 것 하나를 골라 그 두 가지를 달성하기 위해 할 일을 정하라.

그다음은?

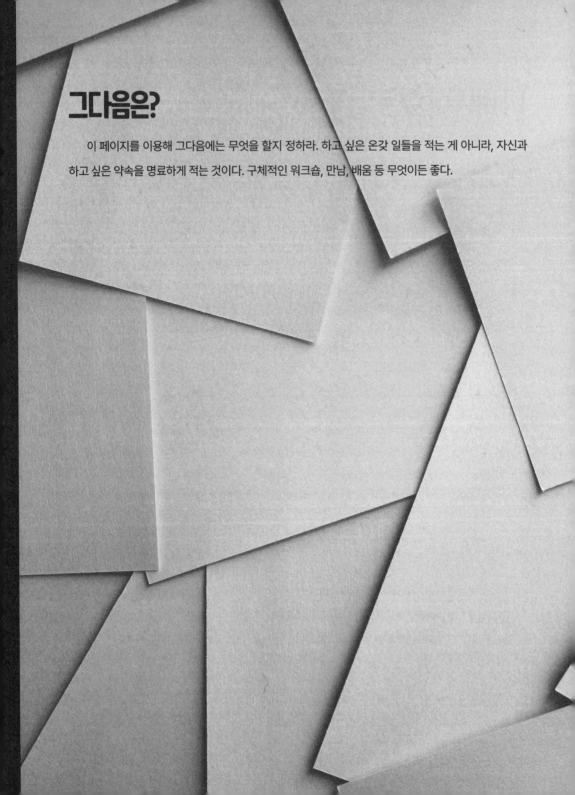

이 페이지를 이용해 그다음에는 무엇을 할지 정하라. 하고 싶은 온갖 일들을 적는 게 아니라, 자신과 하고 싶은 약속을 명료하게 적는 것이다. 구체적인 워크숍, 만남, 배움 등 무엇이든 좋다.

자, 행동에 나설 타이밍이다!

약속 날짜	한 달 뒤에 나는...	약속하고 한 달 뒤, 나는 약속을 지켰는가?

두려움, 근심, 걱정 등은 렛잇고, 렛잇고!!!!

검은색 연필로 여러분이 실천에 옮기는 데 도움이 되었던 것을 적어라. 누군가에게 알릴 필요는 없지만 도움이 되었던 것에 이름을 붙이는 건 중요한 일이다.

이 책을 처음 펼쳤던
과거의 '나'에게 편지를 써라.

감사의 말

이 책을 읽어 나가며 우리를 믿어 주고 우리와 함께 시간을 보내기로 마음먹은 여러분에게 감사하다. 여러분은 여러분도 모르는 사이에 우리 각자의 여행에 도움을 주었고 우리가 앞으로 나갈 수 있도록 도와주었다. 너무나 감사하다. 그리고 우리가 실제로 무슨 일을 하는지 아직도 이해하지 못하지만 그럼에도 무조건적으로 우리를 지지하는 가족과 친구들에게 감사하다. 그렇기에 그들의 지지가 우리에게는 더 강력하게 느껴진다. 특히 안느 샤를로트, 로라, 로리안, 마농, 로맹에게 감사하고, 그다음 세대인 셀마, 레옹, 루시앙, 말로, 조이 그리고 주디에게 감사하다.

우리의 모든 고객, 파트너 그리고 우리가 훈련하고 가르칠 수 있었던 모든 이들, 워크숍에서 퍼실리테이팅하고 우리를 지지해 주고 퍼실리테이션의 광범위한 주제에 대해 발전할 수 있도록 도와준 수천 명의 사람들에게, 우리에게 일상 속 근사한 놀이터이자 실험의 장을 끊임없이 제공해 준 분들께 감사하다. 우리가 마주쳤던, 이 일을 하고 싶다는 생각을 들게 만들어 준 모든 이들, 특히 앙투안, 브리스, 뒥, 이포리트, 로라, 마티유, 티보에게 감사하다. 이 책을 교정하며 너무나 소중한 조언을 해 준 아르노, 블라딘, 카상드르, 세드릭, 드니, 이자벨, 로리안, 상드린, 스테파니, 티보에게 감사하다. 모든 사람의 이름을 적기에 공간이 부족할 듯싶다. 우리가 몸담고 발전할 수 있었던 모든 조직, 특히 Codesign-It과 Klap.io에 감사드린다.

우리가 많은 영감을 얻은 오스틴 클레온(Austin Kleon)의 저서 《보여줘라, 아티스트처럼》에 나온 것처럼 영감을 준 모든 사람들, 작가, 퍼실리테이터에게 이 기회를 빌려 감사 인사를 드린다. 케리 스미스에게 특별히 감사 인사를 전하고 싶다. 우리에게 엄청난 영감을 선사했다.

우리가 이 책에서 새로 만들어 낸 건 없지만 오랜 시간 동안 우리를 인도한 것을 여러분에게 전달하려 노력했다.

멜리사, 조프레, 티보, 뱅상, 요안

감사 인사

여러분 역시 여행을 하며 여러분에게 영감과 영향을 주는 세상 속 수많은 것들을 마주쳤을 것이다. 이 페이지를 채우는 건 여러분이다. 여러분의 여행에서 중요했던 사람(들)에게 메시지를 남겨 보라.

EXPLORE

"인생은 초콜릿 상자와 같단다.
무엇이 걸릴지 알 수 없거든."

로버트 저메키스(Robert Zemeckis), <포레스트 검프>

이 글을 마지막으로 우리가 함께한 여행이 막을 내리겠지만 여러분에게는 단지 한 단계가 마무리됐을 뿐이다. 함께 해결해야 할 과제는 많고 특히 까다롭다. 이전에는 그렇지 않았다 하더라도 과제를 해결할 때 조직이 얼마나 중요한 역할을 하는지 이해했기를 온 마음으로 바란다. 좋은 재료, 자세 그리고 도구를 발판 삼아 변화를 가져올 아이디어와 프로젝트를 끌어내고 조직을 움직일 수 있을 것이다.

일상에서 연습할 수 있는 수많은 기회를 발견할 것이다. 지인들뿐만 아니라 모르는 사람과의 상호 작용에서, 개인적 그리고 직업적인 환경 속에서 주제, 과정 혹은 변화를 촉진하기 위한 기회를 발견할 것이다.

여러분이 그다음에 어떤 초콜릿을 집어 들지는 여전히 알 수 없지만 그것이 바로 초콜릿이 선사하는 짜릿함일 것이다. 그저 그다음은 다른 맛일 거라고 생각하는 수밖에 없다! 단, 초콜릿을 너무 많이 먹지 않도록 주의하라….

여럿이 모여 만든 이 책은 진정한 집단 모험이었다.이 책이 여러분에게 겸허한 태도로 계속해서 파고들고 탐구하고 싶은 마음을 심어 주기를 바란다.

우연한 계기로 우리는 분명 마주칠 것이다. 혹시 아나? 다음에는 여러분이 가이드가 될지도 모른다.

즐거운 여행이 되기를 바란다!

아직 거기 있나? 변화시킬 세상이 보이지 않는가?

뭘 기다리나? 자, 연필을 내려놓고 움직여라!

여러분의 능력 향상을 기념하자!
달에 닿기를 바랐는데, 보라,
여러분들은 지금 별들 사이에 있다.
고생했다!

모험을 이어 나가고 싶다면 다음 사이트를 방문하세요.

carnet-facilitation.com

우리에게 메일을 보내고 싶다면 다음 주소로 연락하세요.

hello@carnet-facilitation.com

책을 바닥에 두고 위에 올라가 소리쳐라. "성공이다!"

265사이즈를 그려 넣었는데 자신의 발에 딱 맞지 않아도 괜찮다….

이미지 출처

Page 9 : œil © The Noun Project
Page 11 : photographie du carnet © Volodymyr Hryshchenko on Unsplash
Page 12 : sac à dos © Bian Octa Arfian from the Noun Project ; hamac © Makarenko Andrey from the Noun Project ; casquette © Georgiana Ionescu from the Noun Project ; carte © Gregor Cresnar from the Noun Project ; appareil photo © Omeneko from the Noun Project ; avion © The Noun Project Pages 14, 15, 16 et 17 : pancartes © The Noun Project
Page 21 : flèche de souris © The Noun Project
Page 22 : passeport © engin akyurt on Unsplash ; timbre © The Noun Project
Page 23 : madeleine © The Noun Project
Page 32 : microphone © The Noun Project
Page 35 : gribouillis © The Noun Project
Page 37 : dentifrice © Nicole Steffen from the Noun Project
Page 38 : tête de mort, guêpe, rat, chat et error 404 © The Noun Project
Page 39 : carnet © Brando Makes Branding on Unsplash
Page 41 : poupées russes © The Noun Project
Page 42 : montagne, mains, cadenas, bombe, bulles de dialogue, smiley, sablier, orage, cerveau et groupe © The Noun Project
Page 45 : carnet © Kelly Sikkema on Unsplash
Page 47 : géolocalisation © The Noun Project
Page 53 : passeport © engin akyurt on Unsplash / tampons © The Noun Project
Page 56 : microphone © The Noun Project
Page 64 : fusée © The Noun Project
Page 70 : câlin © Marco Bianchetti on Unsplash
Page 75 : anneau © Ben Davis from the Noun Project
Page 77 : lapin © The Noun Project
Page 81 : passeport © engin akyurt on Unsplash ; tampons © The Noun Project
Page 84 : microphone © The Noun Project
Page 88 : idéogramme chinois © The Noun Project
Page 93 : étoile de mer © Amy Humphries on Unsplash
Page 94 : bingo © The Noun Project
Page 96 : microphone © The Noun Project
Page 97 : flèche © Hello I'm Nik on Unsplash
Pages 98 et 99 : punaises © Loudoun Design Co. from the Noun Project ; ballons © The Noun Project Pages 100 et 101 : mandala © Somjai Jaithieng | Dreamstime.com
Pages 102 et 103 : flamme © Jenya from the Noun Project
Page 108 : haut-parleur © The Noun Project
Page 114 : batterie © The Noun Project
Pages 116 et 117 : photographie montagne © Jamison McAndie on Unsplash

Pages 118 et 119 : télévision © The Noun Project
Page 122 : banane © The Noun Project
Page 123 : slip © The Noun Project
Page 131 : passeport © engin akyurt on Unsplash ; tampons © The Noun Project
Page 134 : microphone © The Noun Project
Page 136 : bouteilles © The Noun Project
Page 138 : photographie crayons © Joanna Kosinska on Unsplash
Page 145 : cible © The Noun Project
Page 148 : groupe de personnes © The Noun Project
Page 149 : virus © The Noun Project
Page 154 : check-list © The Noun Project
Page 155 : avion en papier et paire de ciseaux © The Noun Project
Page 157 : sac à dos © The Noun Project
Pages 160 et 161 : photographie banane © Mike Dorner on Unsplash
Page 163 : fenêtres, porte, écran de projection, chaise et paperboard © The Noun Project
Page 168 : scotch et papier © The Noun Project
Page 169 : groupe de personnes © The Noun Project
Page 179 : briques © Shutterstock ; ciseaux © The Noun Project
Page 180 : lutins © The Noun Project
Page 181 : Grinch © Denis Shumaylov from the Noun Project
Page 183 : Trump © Gabriele Malaspina from the Noun Project ; cigarette, extraterrestre, météorites © The Noun Project
Page 185 : pouce vers le haut, main et pouce vers le bas © The Noun Project
Page 187 : animaux © The Nounn Project
Pages 188 et 189 : labyrinthe © 123rf.com
Page 193 : passeport © engin akyurt on Unsplash ; tampons © The Noun Project
Page 196 : microphone © The Noun Project
Page 200 : groupe de personnes © The Noun Project
Pages 218 et 219 : pictos © The Noun Project
Page 222 : poisson © The Noun Project
Page 234 : origami © Shutterstock
Page 235 : passeport © engin akyurt on Unsplash ; tampons © The Noun Project
Page 238 et 240 : microphone © The Noun Project
Page 248 et 249 : tampons © The Noun Project
Page 252 : photographie feuilles © Brandi Redd on Unsplash
Page 254 : alien © The Noun Project
Pages 255 et 257 : carnet et crayon © Kelly Sikkema on Unsplash
Page 258 : photographie van © Dino Reichmuth on Unsplash
Page 261 : empreintes © The Noun Project

한 권으로 끝내는 퍼실리테이션 테크닉

직접 쓰면서 익히는 퍼실리테이터 스킬 워크북

초판 발행일 | 2024년 8월 16일
펴낸곳 | 유엑스리뷰
발행인 | 현호영
지은이 | 멜리사 알다나, 뱅상 드로메르, 티보 강글로프, 조프레 기요샹, 요안 르메니
옮긴이 | 박민정
편 집 | 황현아
디자인 | 김혜진, 강지연
주 소 | 서울특별시 마포구 월드컵북로58길 10, 더팬빌딩 9층
팩 스 | 070.8224.4322

ISBN 979-11-93217-63-4

Carnet de facilitation
L'intelligence collective ne s'improvise pas

by Mélissa Aldana, Vincent Dromer, Thibaud Gangloff, Geoffrey Guillochin, Yoann Leméni

Original ISBN 978-2-416-00101-7
This Korean edition was published by UX REVIEW in 2024
by arrangement with the original publisher, Éditions Eyrolles.

좋은 아이디어와 제안이 있으시면 출판을 통해 가치를 나누시길 바랍니다.
투고 및 제안: uxreview@doowonart.com